LUDOVIC DELANNO

CÓMO AYUDAR A MI HIJO HIPERSENSIBLE

ILUSTRACIONES DE

AURÉLIA–STÉPHANIE BERTRAND

Editorial OB STARE

Con estas palabras, en primer lugar, quiero agradecer a los extraordinarios niños, niñas y sus familias la confianza que demuestran tener en mí, día a día. Este libro está dedicado a ellos.

Gracias a mi mujer, Camille, como la lectora y correctora benevolente y paciente que ha sido en todo momento. Gracias a mis conejillos de Indias, Simon y Constance, por su cariño y predisposición para probar por primera vez las actividades propuestas. Gracias también a todo el equipo de terapeutas ocupacionales, del que me rodeo en mi día a día, por ser mi fuente inagotable de inspiración.

Por último, gracias a Caroline, mi editora, por sus valiosos consejos y ánimos durante la redacción de este libro.

Ludovic Delannoy

ÍNDICE

INTRODUCCIÓN

Desde el primer momento en que empecé a ejercer como terapeuta ocupacional, enseguida me encontré con niños que presentaban grandes dificultades en su vida diaria. Tanto aquéllos con problemas de motricidad como los que eran tímidos o, al contrario, intensos, todos ellos mostraban dificultades de carácter sensorial.

Los síntomas de este trastorno pueden aparecer durante la primera infancia, y suelen dar lugar a comportamientos invasivos e inexplicables (llanto incesante, trastornos del sueño, trastornos de la alimentación).

Estos síntomas se irán haciendo más perceptibles a medida que el niño crezca, y su impacto en las actividades diarias será aún mayor. Ya sea por el tacto de la ropa al vestirse, el rechazo a ciertos alimentos al comer o la gestión del equilibrio durante las actividades de ocio, la naturaleza de todas estas dificultades puede ser de carácter sensorial. Evidentemente, éstos son sólo algunos ejemplos, ya que los síntomas pueden variar considerablemente dependiendo del niño y la situación.

Ante la sospecha de que tu hijo pueda presentar estas dificultades, no dudes en consultarlo con tu médico o con un terapeuta ocupacional. También te animo a que confíes en los profesores y los profesionales de la atención infantil, quienes se convertirán en tus mejores aliados a la hora de darte el consejo y la orientación que necesitas.

Este libro te ofrece algunos conocimientos elementales para ayudarte a comprender mejor las dificultades de tu hijo. No pretende sustituir ningún consejo médico ni terapia. Su objetivo es ofrecerte respuestas, así como recomendaciones y actividades para poner en práctica con tu hijo, independientemente de si ha sido diagnosticado o no. El objetivo es apoyar el desarrollo del proceso sensorial de los niños, superar las limitaciones habituales y desarrollar su autonomía. Antes de empezar las actividades, las cuales están divididas en 3 partes principales, recomiendo la lectura de esta primera parte introductoria de cara a una mejor comprensión del trastorno y sus síntomas, y así identificar las necesidades de tu hijo.

¡Feliz lectura!

¿DIFICULTADES SENSORIALES? ¿INTEGRACIÓN SENSORIAL? VEAMOS ALGO DE VOCABULARIO

Los conceptos de sensorialidad o de sentido son muy amplios y pueden referirse a teorías bien distintas. Este libro se centra en la teoría de la integración sensorial descrita por Jean Ayres en la década de los setenta. Jean Ayres es una terapeuta ocupacional estadounidense que ha trabajado con un gran número de niños y niñas, investigando la relación entre las dificultades de conducta observadas en la vida diaria y una posible disfunción en el procesamiento de la información sensorial por parte del sistema nervioso. Fue a partir de esta hipótesis cuando fundó los principios de apoyo a la integración sensorial y observó una mejora en la conducta de niños y niñas.

Hoy en día, cuando un niño presenta dificultades sensoriales, los profesionales pueden hablar de trastorno de integración sensorial, trastorno del proceso sensorial o, aún más fácil, trastorno sensorial. Estos términos, aunque difieren, se refieren a las mismas dificultades.

Proceso de integración sensorial

A continuación, encontrarás un esquema simple que resume cómo funciona el aprendizaje a través de la integración sensorial.

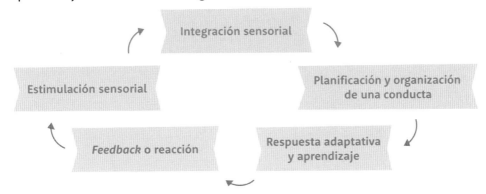

De su lectura se desprende que la integración sensorial es un proceso muy complejo y que cuanto más numerosos y precisos sean los estímulos sensoriales, más efectivas serán la respuesta y la conducta.

Los diferentes canales sensoriales

¿Qué canales sensoriales se estimulan?

Entre ellos están, por supuesto, los sentidos más conocidos como el olfato, el gusto, la vista y el oído. Sin embargo, el enfoque de integración sensorial es más amplio y abarca muchos más, a saber:

- **El táctil,** te proporciona información sobre el tacto a través del contacto con la piel.

- **La propiocepción,** te proporciona información sobre la posición de las distintas partes de tu cuerpo en el espacio y a su vez te informa sobre los movimientos corporales, así como de la fuerza ejercida en tus gestos.

- **El vestibular,** que está directamente relacionado con el oído interno y te proporciona información sobre la posición de tu cabeza en el espacio, los movimientos del cuerpo y el equilibrio.

Todos estos sentidos trabajan simultáneamente y acostumbran a hacerlo de manera continua.

Los dos procesos de integración sensorial

La modulación es un proceso que regula la información sensorial a nivel cerebral. La función de este mecanismo es la de avisarnos de un peligro: un ruido, una pérdida de equilibrio, una textura desconocida... De igual forma es la base de la inhibición (ignorar determinados estímulos) o la habituación (ignorar determinados estímulos una vez conocidos). Sin estos mecanismos, estarías constantemente distraído y no podrías aprender.

La discriminación es la capacidad de distinguir entre diferentes estímulos sensoriales. Te permite percibir la calidad de los estímulos, las similitudes o las diferencias. Por lo tanto, la discriminación deriva lógicamente de la modulación, aunque sea difícil establecer un orden de prioridades, ya que estos procesos suelen ocurrir juntos y en armonía. En el transcurso del aprendizaje y de la vida, la discriminación tendrá prioridad sobre la modulación.

La herramienta fundamental para el aprendizaje y la protección

La integración y el procesamiento de la información sensorial permiten al niño organizar y poner en práctica una reacción motora o emocional para actuar en su entorno. En función de su éxito y de la respuesta del entorno, se producirá el aprendizaje. No obstante, ello requiere de una autorregulación y un autoajuste constantes por parte del niño.

Observa el siguiente ejemplo. Imagina a un niño jugando al fútbol. Durante esta actividad, será invadido por estímulos sensoriales: el contacto de la ropa sobre su piel, el viento en su cara, el reflejo del sol..., tantos estímulos que el niño tendrá que inhibirse para poder concentrarse en el juego. Durante la actividad, el niño también tendrá que anticiparse a las trayectorias y las colocaciones de los demás jugadores, y tendrá que gestionar su propia carrera, así como la fuerza que ejerce sobre la pelota al chutar.

Todas estas acciones implican gran parte de los canales sensoriales, obligando al niño a adaptar constantemente su conducta y, por lo tanto, a obtener un mayor control de su juego.

Trastorno del proceso de integración sensorial

Anteriormente, hemos observado el funcionamiento esperado del sistema sensorial. Pero ¿qué sucede cuando éste se altera? Existen diversas clasificaciones y a continuación cito dos tipos de trastornos:

Trastorno del proceso de modulación sensorial

Implica una dificultad o incapacidad para gestionar el flujo de la información sensorial que se recibe del entorno. El niño ya no filtra la información correctamente, su atención se desvía constantemente al recibir todo tipo de estímulos, alterándose así su estado de alerta. Esto da lugar a lo que se denomina hipersensibilidad o hiposensibilidad.

Si el mecanismo de modulación fuera una presa, requeriría estar gestionando continuamente la entrada de agua a través de ésta.

♦ El niño hipersensible tendrá tendencia a dejar entrar demasiada agua y, por tanto, demasiada información sensorial, lo que con frecuencia dará lugar a una respuesta inadecuada.

♦ El niño hiposensible, en cambio, no dejará pasar suficiente agua, lo que también provocará una respuesta no adaptada a las expectativas.

En este libro, verás que hablo de híper o hiporreactividad. Utilizo estos términos para no confundir la hipersensibilidad «psicológica» con la hipersensibilidad relacionada con un trastorno sensorial.

Trastorno de discriminación sensorial

El trastorno de discriminación sensorial afecta más bien a la capacidad de procesar la información para saber «qué hacer» con los estímulos recibidos. Esto suele dar lugar a dificultades motrices e incluso de praxis.

Estos diferentes trastornos pueden afectar a varios elementos sensoriales y, sobre todo, no son uniformes entre sí en el tiempo. De hecho, tu estado de alerta, tu «sensibilidad», varía a lo largo de tu vida e incluso en un mismo día.

Todos nosotros podemos presentar hipersensibilidad o hiposensibilidad sin que ello repercuta significativamente en su calidad. Por ejemplo, una persona que «no sea madrugadora» podría considerarse hipersensible, porque no tolera el ruido hasta que se haya autorregulado, lo que a veces la llevará a actuar de forma inadecuada. Esto también demuestra el impacto del cansancio y el estrés sobre nuestra gestión de la información sensorial del entorno.

IDENTIFICACIÓN Y DIAGNÓSTICO DE LOS TRASTORNOS DEL PROCESO SENSORIAL

Detectar los primeros síntomas es sumamente importante porque te llevará a consultar con especialistas y, en caso necesario, establecer una ayuda terapéutica. Escucha a los profesionales de la infancia que rodean a tu hijo y, sobre todo, confía en tu propio instinto como padre, ya que suele ser el mejor indicador.

¿Cómo detectar el trastorno?

Aquí es estrictamente necesario prestar atención a la conducta de tu hijo. De hecho, en el contexto de un trastorno sensorial, tu hijo puede presentar actitudes que no parecen adaptadas o no son las esperadas en relación con las situaciones que se le presentan. Dichas conductas suelen ser muy intrusivas y tendrán un impacto tanto en la vida diaria de tu hijo como en la tuya como padre, así como en su desarrollo sensoriomotor. Éstos son algunos de los síntomas:

- ¿Tu hijo odia ensuciarse? ¿Se frota las manos cuando toca algo o se niega a tocarlo? ¿Se mueve con torpeza? ¿Toca con la punta de los dedos?

- ¿Tu hijo es incapaz de permanecer sentado durante mucho tiempo? ¿Se mueve todo el rato? ¿Está constantemente cambiando de postura o adopta posturas inadecuadas? ¿No puede dejar de saltar o correr cuando se lo pides?

- ¿Tu hijo no juega demasiado con los demás? ¿No muestra interés por los parques infantiles? ¿Se agarra fuerte de tu mano o a las paredes cuando se desplaza o baja de la acera? ¿Camina de forma extraña?

◆ ¿Tu hijo grita o llora con mucha facilidad y de forma desmedida en determinados entornos? ¿No logras saber por qué? ¿Se muestra ansioso y estresado sin motivo aparente?

Si estas preguntas te resultan familiares, ha llegado el momento de consultar con el doctor las dificultades que presenta tu hijo. No olvides que tu instinto es insustituible y que eres el mejor «indicador» para evaluar a tu hijo, el cual podría tener dificultades sensoriales.

El papel de la terapia y la terapia ocupacional

Dado que la identificación de un trastorno del proceso sensorial sigue siendo compleja, la participación de profesionales sanitarios capacitados es imprescindible. Un terapeuta ocupacional es el profesional sanitario especializado en el desarrollo sensoriomotor infantil, así como en el análisis ocupacional de la persona. Por esa razón puede evaluar con exactitud las dificultades de tu hijo, así como el nivel de participación y autonomía en sus rutinas diarias.

Su formación le permite elaborar una evaluación precisa para valorar la calidad del proceso sensorial de tu hijo. Para ello, debe averiguar con exactitud las limitaciones del niño en sus actividades mediante una entrevista, varios cuestionarios y la observación estructurada. También realiza varias visitas en la casa del niño para perfeccionar su observación. Con todo esto elabora un diagnóstico de terapia ocupacional.

Una vez establecidos los objetivos con el niño y la familia, el terapeuta ocupacional ofrece su apoyo a través de la terapia de integración sensorial. Las sesiones están basadas en actividades lúdicas que implican diferentes canales sensoriales.

El juego constituye una gran herramienta de motivación para los niños, los empuja a superarse y a mejorar el ajuste de sus respuestas conductuales y motrices. Mientras los niños juegan, el terapeuta los observa y adapta el juego de manera constante para ofrecer siempre el mejor reto a cada uno de ellos.

Además de las sesiones llevadas a cabo en la consulta, el terapeuta ocupacional puede sugerir actividades y programas para realizar en casa. Su objetivo es ayudar a tu hijo a autorregularse durante el día. Puede sugerirte ayudas técnicas a las cuales recurrir en caso necesario (tapones para los oídos, cojín dinámico, etc.). En último lugar, el terapeuta ocupacional visita los lugares de convivencia familiar y escolar, para sugerir recomendaciones y consejos a los adultos que conviven con él.

Es fundamental para el terapeuta trabajar estrechamente con todas las personas que conviven con tu hijo, y especialmente contigo, su familia. La orientación parental es un elemento clave para que la ayuda sea todo un éxito.

En cualquier caso, la práctica demuestra que cuando se proporciona apoyo en una fase temprana, la solución se hace más eficaz y más rápida.

¿CÓMO UTILIZAR ESTE LIBRO?

En este libro, encontrarás varias actividades para realizar con tu hijo. Se clasifican por ocupaciones: vida diaria, tiempo libre y escuela.

No pretenden sustituir las sesiones de reeducación, sino ayudarte a favorecer el desarrollo sensoriomotor y el desarrollo de la autonomía de tu hijo.

En esta introducción has podido observar que los trastornos sensoriales son complejos y diversos. Para facilitarte las observaciones como padre, me he permitido clasificar el comportamiento observable del niño en dos categorías: **hiperreactividad e hiporreactividad**.

Cada actividad se presenta como una receta de cocina: encontrarás los ingredientes necesarios y las diferentes fases de realización. Sobre todo, no dudes en darle tu toque personal, ya que estas actividades son principalmente ideas que puedes desarrollar como tú quieras, así que confía en ti mismo. Si tienes dudas y tu hijo ya está recibiendo apoyo profesional, consulta con tu terapeuta.

Estas actividades te permiten variar de posición, trabajar de pie, sentado, tumbado en el suelo o incluso al aire libre. Se recomienda variar las experiencias en la medida de lo posible. En cuanto al material, encontrarás todo lo necesario en las jugueterías y en grandes almacenes.

Algunos consejos

Empieza gradualmente, poco a poco. Las actividades propuestas son generales y debes adaptarlas a las capacidades de tu hijo. Si observas que tu hijo acepta el reto, desafíalo y aumenta paulatinamente la dificultad.

Por tu parte, realiza las actividades con tu hijo para que él pueda ver lo que la actividad requiere en términos sensoriales.

Por último, ¡diviértete! La motivación, las ganas y el desafío son elementos fundamentales para el desarrollo de tu hijo. Así que ¡no dudes en ir a por todas y en divertiros!

ACTIVIDADES DIARIAS

En esta parte no sólo se abordan todas las ocupaciones de la vida diaria de tu hijo, sino también de su futuro como adulto. Detrás de estas rutinas se encuentra el concepto de autonomía, tan necesaria para el bienestar. Todo ser humano necesita realizarse en sus quehaceres y alcanzar cierto nivel de rendimiento del que obtener satisfacción.

Es fundamental que estés atento a las expectativas y necesidades de tu hijo de cara a motivarlo y ayudarle a progresar y seguir adelante con su aprendizaje.

Las ocupaciones de la vida diaria son todas las rutinas que hacemos cada día y a las que solemos estar muy apegados, ya que nos permiten sentirnos realizados.

Cuando las dificultades se convierten en un obstáculo

Si tu hijo presenta dificultades sensoriales, intentará adaptarse constantemente a su entorno. Si las dificultades son graves, puede sentirse cohibido e incapaz de hacer frente a la situación. El resultado será una importante falta de autonomía y un retraso en ciertas habilidades inherentes a las actividades diarias. De hecho, el aprendizaje motor de tu hijo está basado en parte en su capacidad sensoriomotriz. Por eso un trastorno sensorial puede repercutir en el bienestar de tu hijo y, por tanto, en su estado psicológico. Está claro que la detección precoz de dicha dificultad del desarrollo neurológico es necesaria.

En esta parte, he elegido tratar algunas de las áreas de la vida diaria que más se abordan en mi consulta. Por lo tanto, hablaremos sobre lavarse, vestirse, comer y las relaciones sociales. Para cada uno de estos temas, voy a explicar qué comportamientos pueden identificarse según el perfil de tu hijo y luego sugeriré actividades de apoyo. La mayoría de estas actividades pueden realizarse en familia. En la medida de lo posible, deja que sea tu hijo quien lleve la batuta. Respeta su ritmo y presta atención a los signos de frustración o saturación. ¡El objetivo principal es disfrutar de las actividades!

EL ASEO

Esta actividad, tan básica y a la vez tan importante para nuestra salud, es una de nuestras tareas diarias. Se trata de un conjunto de diversas acciones distintas que se irán aprendiendo y perfeccionando a lo largo de la vida. Incluyo una tabla como recordatorio para resumir las edades de los diferentes procesos de aprendizaje. Lógicamente, es orientativa, ya que cada niño evoluciona a su propio ritmo.

Edad promedio de adquisición según las actividades de aseo

ACTIVIDADES	EDAD PROMEDIO ADQUISICIÓN
Lavarse las manos, cepillarse los dientes	A partir de los 2 años
Lavarse solo	A partir de los 3 años
Secarse, cepillarse los dientes, solo peinarse	A partir de los 4 años
Lavarse el pelo	A partir de los 5 años
Cortarse las uñas	A partir de los 7 años

Precisamente eso que los adultos, como tal, hemos dejado de apreciar es la multitud de estímulos sensoriales e inherentes de esta actividad: el contacto con el agua, la iluminación del lavabo, el reflejo en el espejo, las baldosas del suelo, etc., todo esto son experiencias sensoriales, las cuales, si bien son sumamente importantes para el aprendizaje, rápidamente pueden convertirse en experiencias negativas para tu hijo si presenta particularidades sensoriales.

Como ayuda, te sugiero que eches un vistazo a algunas de las actividades principales que explican los comportamientos que puedes esperar de tu hijo, así como los consejos sobre cómo manejar mejor cada actividad. Verás que varias actividades comparten el mismo consejo. Además, todos tenemos diferentes umbrales de percepción, y es muy difícil generalizar los comportamientos observables y su intensidad.

Finalmente, verás que algunas actividades estimularán los componentes sensoriales de tu hijo, tanto si es hiperreactivo como hiporreactivo.

Lavarse el pelo

Esta labor suele plantear dificultades importantes que podrían generar una gran frustración tanto a ti como a tu hijo.

Comportamientos observables según el perfil del niño

HIPERREACTIVIDAD	HIPORREACTIVIDAD
Se niega a lavarse el pelo.	Se moja el cabello más de lo necesario.
Llora exageradamente antes o durante el lavado, verbaliza el dolor.	No mide la cantidad de jabón necesaria.
Pierde el equilibrio si se inclina hacia atrás.	No puede encontrar una posición para la tarea.
Se niega a tocar el jabón.	Comete errores en los diferentes pasos.
Se niega a utilizar la ducha para aclararse.	Deja caer los utensilios.
Sensibilidad extrema a la temperatura del agua.	

Consejos para la hiperreactividad

En primer lugar, no fuerces a tu hijo. Si observas gritos o llantos repetidos, es que la tarea es demasiado sensorial para él. Si insistes, corres el riesgo de llevar a tu hijo al límite y crearle un «miedo».

♦ Utiliza una toalla húmeda para mojarle el pelo.

♦ Controla la temperatura del agua, lo recomendable es el agua tibia.

♦ Hazle participar, siempre preferirá tener el control de la actividad. Necesitará tiempo para asimilarlo.

- La postura y la posición son importantes. En la bañera, coloca un asiento de baño con respaldo o lávale el pelo fuera de la bañera en una silla. Si a tu hijo le resulta difícil inclinar la cabeza hacia atrás, puedes ofrecerle que se tumbe en la bañera.

- Si es un bebé, cógelo en brazos para tranquilizarlo y utiliza muy poca agua.

- Si la tarea es realmente imposible, puedes probar con champú seco.

Consejos para la hiporreactividad

Tu hijo puede sentirse alterado o perdido, lo que podría comportar un riesgo en el caso de que no controle la temperatura del agua o de que no encuentre una posición segura para lavarse (riesgo de caída).

El primer paso es garantizar que la actividad sea segura.

- Regula la temperatura del agua con antelación, revisando los grifos y ajustando las válvulas mezcladoras termostáticas.

- Si se trata de un niño pequeño, coloca un asiento de baño para estabilizarlo. En el caso de niños más mayores, utiliza un soporte para la espalda. Una alfombra antideslizante en la bañera también puede ser una buena opción.

- Muéstrale a tu hijo los pasos a seguir. Guíale tanto verbal como físicamente.

- Con un espejo puedes ayudarle a organizar sus movimientos en el espacio. Necesitará tiempo para asimilar los diferentes pasos.

Cepillarse los dientes

Para un niño que presenta deficiencias sensoriales en la boca, cepillarse los dientes podría suponerle una carrera de obstáculos. Es importante escucharle activa y atentamente y, sobre todo, no obligarle a hacerlo para no crearle bloqueos futuros. Si el problema persiste, lleva a tu hijo a un dentista para controlar su salud e higiene bucodental.

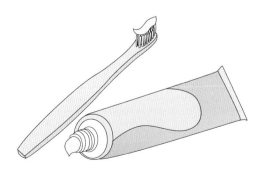

HIPERREACTIVIDAD

Muestra ansiedad o rechazo antes del cepillado.

Grita o llora desmedidamente antes o después del cepillado.

Se cepilla los dientes de forma muy breve y superficial.

Es muy selectivo con la pasta de dientes que utiliza.

Pone poca cantidad o no pone pasta de dientes.

No tolera el uso de un cepillo de dientes eléctrico.

Consejos para la hiperreactividad

Desde el nacimiento, los niños se llevan a la boca todo tipo juguetes y objetos, así como la comida. La primera señal de alarma será un niño cuyo comportamiento sea distinto.

Si tu hijo se muestra ansioso o tiene miedo, guíale durante toda la actividad. Explícale lo importante que es para su salud lavarse los dientes todos los días. El objetivo no es hacerle sentir culpable, sino ayudarle a superar sus dificultades proporcionándole un objetivo. Dale tiempo para que entienda la forma de su boca.

♦ Utiliza un cepillo de cerdas suaves. A menos que tu hijo te lo pida, deja que sea él quien controle el movimiento del cepillado. Eso le hará sentirse seguro de sí mismo.

HIPORREACTIVIDAD

No organiza bien sus movimientos.

No se cepilla todas las zonas.

No mide la cantidad de pasta de dientes en el cepillo.

Se cansa rápidamente.

Pone demasiada agua en la boca para enjuagarse.

Suele tragarse agua o atragantarse con ella.

No escupe correctamente.

♦ Si el cepillado le resulta extremadamente difícil, utiliza cepillos de esponja ya humedecidos con pasta de dientes. Su textura suave facilita la higiene.

Consejos para la hiporreactividad

♦ El primer consejo es que guíes a tu hijo en la secuencia de pasos a seguir. Si observas que la orientación verbal no es suficiente, utiliza ayudas visuales.

♦ Como tu hijo busca la estimulación táctil o propioceptiva, utilizar un cepillo de dientes eléctrico podría darle la estimulación que necesita evitando la acción de cepillarse.

♦ Para ayudar a tu hijo a limitar la cantidad de agua para enjuagarse la boca, proporciónale una pajita o un vaso cerrado con pajita.

ACTIVIDADES DIARIAS

Ducharse

Lavarse, bañarse y ducharse son acciones básicas de la vida diaria. No nos damos cuenta de la importancia de los estímulos sensoriales que intervienen en dicha actividad. Pero si tu hijo tiene dificultades de modulación sensorial o de percepción, será plenamente consciente de ellas. Para ayudarle a progresar en su autonomía, deberás ir paso a paso y no dudes en guiarlo verbal y físicamente.

Comportamientos observables según el perfil del niño

HIPERREACTIVIDAD	HIPORREACTIVIDAD
Expresa su miedo o ansiedad en el momento de ir a tomar el baño.	No organiza bien sus movimientos.
Sólo tolera una temperatura de agua muy concreta.	No se lava todas las partes del cuerpo.
No quiere usar esponja.	No dosifica correctamente el jabón.
Es muy selectivo con el tipo de jabón.	No presiona bien las botellas de jabón.
Se lava de manera superficial.	Se le caen los utensilios.
No tolera notar agua sobre la piel.	No muestra sensibilidad a los cambios de temperatura.
Necesita sentarse cuando se ducha.	No se aclara bien.
Sólo tolera un determinado tipo de toalla.	No se seca todas las partes del cuerpo.
Es sensible al sonido del agua o al ruido de los aparatos eléctricos (secador de pelo, maquinilla de afeitar).	

Consejos para la hiperreactividad

Hemos utilizado el ejemplo de la ducha, pero no nos olvidemos de que el baño suele ser la forma de aseo preferida en la primera infancia. Cuando sea un bebé, tu hijo expresará su malestar llorando desmesuradamente y sintiéndose incómodo. Puede mostrarse nervioso y con actitud hipertónica.

- Evita sumergirlo completamente en el agua, y lávalo y acláralo con las manos.
- Asegúrate de no excederte demasiado en el tiempo.
- Evita frotar, en su lugar, realiza movimientos suaves al enjabonar y al aclarar.

- Para tu bebé será agradable que lo envuelvas.

- El entorno debe ser tranquilo y hay que evitar estímulos innecesarios (ruidos, olores, luz).

- Deja que tu hijo elija la temperatura del agua favoreciendo el uso de un grifo mezclador termostático.

- Invítale a utilizar sus manos en lugar de una esponja.

- Para el jabón, evita los perfumes fuertes y elige los jabones neutros.

- Coloca una silla de ducha si tu hijo se siente inseguro de pie.

- Utiliza toallas de algodón 100 % o microfibras muy absorbentes.

- Opta por los gestos fuertes en lugar de los superficiales.

Consejos para la hiporreactividad

¿A tu hijo le gusta bañarse? ¿Le encanta estar sumergido durante horas? Podría tratarse de una hiporreactividad. El ritual del baño tendrá menos impacto porque lo disfrutará. Si de niño esto pasaba desapercibido, a medida que crezca le resultará difícil organizarse.

- Guíalo verbal y físicamente. Repetid los pasos fuera de la ducha y luego en la ducha.

- Utiliza un temporizador, ya que puede ayudarle a gestionar su tiempo.

- Controla la temperatura del agua.

- Favorece el uso de guantes de baño o esponjas de ducha para mejorar sus sensaciones.

- Usa botellas de jabón de fácil apertura.

- Para secarse, el albornoz podría ser una muy buena opción.

VESTIRSE

Desde una edad muy temprana, vestirse forma parte de la vida de un niño. Cuando es un bebé, primero son los padres quienes lo visten, y poco a poco éste irá participando de forma pasiva, levantando los brazos o colocándose correctamente en relación con la ropa y el adulto. Después, participará de una manera más activa desvistiéndose él mismo, tirando de la ropa para quitársela o ajustársela. Finalmente, será independiente.

Edad promedio de asimilación según las actividades para vestirse

1-2 AÑOS	2-3 AÑOS	3-4 AÑOS	4-5 AÑOS	5-6 AÑOS
• Quitarse los pantalones cuando están en la parte inferior de las piernas. • Deshacer un lazo tirando de un cordón. • Desabrocharse un botón a presión.	• Subir una cremallera ya encajada. • Quitarse la ropa si no está demasiado ajustada. • Desabrocharse los botones. • Empezar a ponerse el abrigo. • Cerrar un velcro.	• Vestirse solo, cuando la ropa es fácil de poner y está bien ordenada. • Subir una cremallera por completo. • Empezar a abotonar. • Abrochar botones de presión. • Ponerse el abrigo. • Ponerse los zapatos bien.	• Vestirse y desvestirse solo. • Abotonarse y abrocharse. • Colocarse correctamente la ropa.	• Atarse los cordones de los zapatos. • Elegir la ropa.

Por lo tanto, vestirse es un conjunto de habilidades adquiridas a lo largo de la infancia, cuyo aprendizaje adecuado y seguro requiere que las capacidades sensoriomotrices de la infancia funcionen perfectamente. Ahora bien, cuando un niño presenta dificultades sensoriales, todas estas asimilaciones son cuestionables. De hecho, ya sea el contacto con diversos materiales, la manipulación de los sistemas de cierre, o el equilibrio y la buena coordinación necesarios entre los distintos segmentos de una extremidad, todas estas acciones son la causa o la consecuencia de los estímulos sensoriales.

Para ayudarte, voy a profundizar en algunas de las acciones relacionadas con vestirse.

Dividir la acción de vestirse en varios movimientos es mucho más difícil que dividir cualquier otra acción; pero me voy a centrar en las dificultades más frecuentes.

A continuación, te propongo algunas actividades para estimular los mecanismos sensoriales de tu hijo. Encontrarás actividades para perfiles hiperreactivos y actividades para perfiles hiporreactivos.

ACTIVIDADES DIARIAS

Ponerse la ropa

La acción principal de este apartado será, obviamente, ponerse ropa o vestirse, pero sobre todo el hecho de soportar o tolerar los materiales. Es posible observar signos de dificultad desde una edad muy temprana y cómo se intensifican a medida que el niño crece.

Comportamientos observables según el perfil del niño

ACTIVIDADES DIARIAS

HIPERREACTIVIDAD

En el bebé

Llora o grita fuertemente mientras se le cambia.

Parece que sólo tolera un pijama o conjunto de ropa concretos.

Muestra incomodidad al cambiar de posición.

En el niño

Grita o llora antes o durante el proceso de vestirse.

No tolera la ropa nueva.

Selectividad con la ropa.

Manifiesta su incomodidad al vestirse. Se rasca, se queja de dolor.

Se cae mientras se viste.

Necesita sentarse o apoyarse.

Prefiere la ropa suelta.

No se viste en función del tiempo atmosférico.

Consejos para la hiperreactividad

El contacto con ciertos materiales puede ser molesto para tu hijo. Será incapaz de soportarlos y el motivo de rabietas o frustraciones.

- Selecciona la ropa adecuada en función del tiempo y deja que elija la que quiere llevar.

- Asegúrate de ofrecerle siempre al menos una camiseta, un jersey o un accesorio que le guste en la selección de ropa. Debes involucrar a tu hijo en esta elección.

- En casa, al volver de la escuela o el fin de semana, déjale elegir cómo vestirse. Tienes que darle esta válvula de escape.

- Presta también atención a su entorno: debe ser cómodo para tu hijo, debe poder sentarse y tener un apoyo para no caerse.

HIPORREACTIVIDAD

En el bebé

Se relaja al sentir la ropa ajustada

No presenta incomodidad frente a materiales desconocidos.

En el niño

Le encanta la ropa ajustada

No se organiza en la etapa de vestirse

Adopta posiciones inadecuadas para vestirse

No se ajusta bien la ropa

Consejos para la hiporreactividad

- Si a tu hijo le gusta sentir la ropa ajustada, proponle ropa interior que contenga, por ejemplo, licra, para que pueda soportar las otras prendas.

- Para ayudarle a organizarse, repite con él los movimientos guiándole tanto verbal como físicamente. Asegúrate de establecer una rutina. Puedes utilizar ayudas visuales para ayudar a tu hijo a establecer la secuencia de los pasos.

- Opta por aquellas prendas superiores que tengan una abertura en el cuello, y por pantalones con cinturilla elástica. Luego, pídele a tu hijo que se mire al espejo para que pueda ajustarse la ropa.

Manipular los sistemas de cierre

Una vez que sea capaz de vestirse solo, debería poder abotonarse abrocharse los [botones a presión], subirse la cremallera y atarse los cordones. Estas acciones requieren una motricidad fina muy desarrollada, la coordinación de ambas manos y la de mano-ojo y, por lo tanto, una buena integración sensorial.

Comportamientos observables según el perfil del niño

HIPERREACTIVIDAD	HIPORREACTIVIDAD
Toca con la punta de los dedos.	No regula la fuerza de sus gestos.
Siempre pide ayuda.	Aprieta demasiado o de manera insuficiente.
Es muy sensible a los cambios de ropa.	No retiene las secuencias de gestos.
Pierde el equilibrio o se marea.	No ajusta los agarres, no sujeta correctamente los cierres.
Expresa rápidamente la ira o la frustración.	Adopta posturas inesperadas.
Pierde interés en la acción.	

Consejos para la hiperreactividad

◆ Elige la ropa con tu hijo y, por tanto, los sistemas de cierre que tendrá que manejar.

◆ Antes de que tu hijo empiece a vestirse, haz que se familiarice con el sistema de cierre.

◆ Evita los botones o los cordones con texturas demasiado complejas y opta por materiales manejables. Elige botones o sistemas de cierre que sean «grandes» y evita los botones pequeños con formas demasiado complejas. Proponle a tu hijo que se siente cuando realice esta acción.

Consejos para la hiporreactividad

Deja que tu hijo practique con la ropa sin poner. Esto le ayudará a visualizar mejor los movimientos. Al principio, utiliza cremalleras en lugar de botones. Guíale tanto visual como verbalmente si es necesario.

Ponerse los zapatos

Aunque se aconseja dejar al niño descalzo la mayor parte del tiempo durante su infancia, en cuanto empiece a andar tendrás que calzarlo. Las características sensoriales de tu hijo podrían obstaculizar en exceso esta tarea en función de su perfil.

Comportamientos observables según el perfil del niño

HIPERREACTIVIDAD	HIPORREACTIVIDAD
Expresa ansiedad o enfado al ponerse los zapatos.	Le gusta notarse los zapatos bien apretados.
Sólo tolera los zapatos anchos o estar descalzo.	Prefiere las tallas muy ajustadas.
Muestra gran intolerancia a los cambios de calzado.	No tolera demasiado los pies descalzos y tampoco las chanclas.
Se quita los zapatos lo antes posible.	Puede preferir tener los zapatos puestos todo el rato o quitárselos rápidamente para explorar superficies con los pies.
Es muy sensible a la forma de atarse los zapatos.	
No soporta las etiquetas ni las suelas.	
Los calcetines deben ponerse de una manera determinada y no tener costuras rugosas.	

Consejos para la hiperreactividad

Lo más difícil para ti será encontrar un par de zapatos adecuado para tu hijo.

- Juega con sus intereses; un par de zapatos con la imagen de sus héroes puede captar su atención para probárselos y aceptarlos.

- Una vez elegido el par, si puedes, compra otro de una talla más.

- Marca los cordones o el velcro para asegurarte de que se cierra siempre de la misma manera.

- Guíale para que se siente en una silla o incluso en el suelo para que se sienta seguro.

- Por último, si en casa quiere quitarse los zapatos, deja que lo haga.

Consejos para la hiporreactividad

La elección de los zapatos no plantea mayor complicación, pero asegúrate de que sean de la talla correcta y evita las suelas demasiado gruesas. Tu hijo necesita poder notar las superficies que pisa.

- Para que se los ajuste él mismo, haz una marca en los sistemas de cierre.

- En casa, deja que se quite los zapatos si él quiere.

LAS COMIDAS

Ya en el vientre materno, el niño se expone a una multitud de sabores y olores. Al nacer y durante la primera infancia, el bebé será extremadamente sensible a los olores y al contacto táctil durante sus comidas.

La diversificación de los alimentos marcará el descubrimiento de nuevos sabores y texturas. Cada nuevo alimento, cada nuevo plato, es una fuente de estímulos. Es una labor muy exigente en términos sensoriomotores, porque hay que gestionar el uso de los cubiertos, la masticación y la deglución.

Si al principio tu hijo se come todo lo que le pones, pronto desarrollará sus propios gustos y manifestará sus preferencias. Esta conocida neofobia alimentaria, la cual aparece alrededor de los 2 años, forma parte de un desarrollo normal y desaparece de manera natural a partir de entonces.

ACTIVIDADES	EDAD PROMEDIO ADQUISICIÓN
Comer con la cuchara	A partir de 1 años
Beber de un vaso, usar el tenedor, servirse un vaso de agua	A partir de 2 años
Usar del cuchillo	A partir de 3 años
Cortar con un cuchillo, llevar una bandeja, pelar	A partir de 4 años

El entorno en el que se desarrollan las comidas es sumamente importante, ya que es distinto que las comidas tengan lugar en la cocina, en el comedor o en el sofá. Los estímulos serán bien diferentes provocando también comportamientos claramente distintos.

Cuando existen dificultades sensoriales, el momento de las comidas puede resultar difícil y conflictivo.

En función de su perfil, el niño puede o bien ser selectivo con lo que come, o bien no ser capaz de controlar su ingesta. Si estas dificultades persisten, consulta con un médico, así como con un logopeda y un terapeuta ocupacional. Aquí he optado por hablar de comer y beber, usar los cubiertos y «estar» en la mesa.

Beber y comer

Estas acciones son sutilmente distintas, pero comparten un mismo propósito, es decir, ingerir alimentos en diferentes formas para satisfacer nuestras necesidades. Aquí me centraré en este aspecto y no en la comida en su ámbito sociocultural. En un bebé, los signos de dificultad sensorial en la alimentación son rápidamente identificables, ya que habrá un rechazo a la comida y, por tanto, una pérdida de peso. Sin embargo, la gran mayoría de los niños seguidos en consulta presentaban previamente una difícil diversificación alimentaria, ya sea en términos de sabor o textura. Hay que recordar que cuanto antes se detecte, más fácil será actuar con efectividad. A continuación, algunos puntos de referencia observables en niños con dificultades sensoriales.

HIPERREACTIVIDAD	HIPORREACTIVIDAD
Presenta un alto grado de selectividad alimentaria (variedad o textura).	Le gustan los sabores fuertes o picantes.
Presenta náuseas antes, durante o después de las comidas.	Le gustan los alimentos crujientes.
No tolera ciertos olores.	Prefiere comer con las manos.
Expresa ansiedad a la hora de comer.	Se ensucia mucho.
No toca los alimentos con las manos.	Mastica mucho, incluso objetos no comestibles.
No mastica los alimentos.	Tiende a comer demasiado.
No tolera los alimentos nuevos.	Parece que no utiliza bien la lengua.
Le gustan los alimentos dulces y neutros.	Puede atragantase.
Se ensucia muy poco a la hora de comer.	Le gustan las bebidas con gas.

Consejos para la hiperreactividad

Las palabras clave aquí son no obligar a tu hijo, porque podría causarle bloqueos y obsesiones muy difíciles de eliminar en un futuro.

◆ Ofrécele siempre a tu hijo que pruebe un nuevo alimento. Acompáñalo de otro alimento que le guste para motivarlo. Si no quiere, no pasa nada, pero repite el proceso cada vez. No te dejes llevar por la rutina alimentaria.

◆ Si tu hijo acepta el nuevo alimento, inclúyelo en su alimentación.

◆ Si tiene poco apetito, deja que se sirva él mismo la comida para que pueda administrar las cantidades. Y si no se las termina, no insistas y pasa al postre. Por otro lado, limita el picoteo entre horas.

◆ El refuerzo positivo es la clave.

◆ En cuanto al entorno, si los olores de la cocina son realmente desagradables para tu hijo, si es posible, haz que coma en otra habitación para que el olor no se lo impida. Pero comed juntos en familia tan a menudo como sea posible.

ACTIVIDADES DIARIAS

Consejos para la hiporreactividad

Desde muy pequeño, tu hijo querrá tocar y descubrir los alimentos con sus manos a través del típico mano-boca. Esta etapa es sumamente importante y debe fomentarse ¡aunque a veces sus resultados sean sorprendentes en términos de higiene!

♦ ¿Tu hijo se ensucia? ¿Lo ensucia-do todo y por todas partes? No pasa nada, está haciendo descu-brimientos sensoriales. Lógica-mente, hay que limitar todo esto para que la actividad siga siendo adecuada y adaptada a su edad.

♦ En cuanto a la colocación, asegú-rate de que tu hijo está sentado correctamente a la mesa. Sus pies deben poder apoyarse en un soporte (escalón, reposapiés). Deben ser capaces de estabilizar su posición y estar a la altura adecuada. Utilizar una silla con reposabrazos puede ser una bue-na opción.

Uso de los cubiertos

Los primeros cubiertos de los niños suelen ser el biberón, el vaso y la cu-chara. Muy pronto, el niño querrá participar en sus comidas y gestionar su propia ingesta de alimentos, usando los cubiertos que se le presentan y que todos utilizamos. Enseguida, será cada vez más independiente y aprenderá a utilizar los nuevos cubiertos adaptándose a la novedad. En el contexto de las dificultades sensoriales, el uso de los cubiertos puede ser problemático.

Comportamientos observables según el perfil del niño

HIPERREACTIVIDAD	HIPORREACTIVIDAD
Utiliza los cubiertos muy pronto.	Prefiere el mano-boca.
Toca la comida con las manos en muy pocas ocasiones.	Utiliza muy poco los cubiertos.
Coloca las manos muy arriba de los cubiertos (los sostiene con la punta de los dedos).	No orienta bien los cubiertos en relación con la boca.
Parece torpe con determinados cubiertos al usarlos o llevárselos a la boca.	Muerde sus cubiertos.
Es selectivo en la elección de los cubiertos.	No ajusta la apertura de la boca ni la posición de la lengua en relación con los cubiertos.
	No consigue cortar sus alimentos.

Consejos para la hiperreactividad

Tu hijo quiere limitar las zonas de contacto con la comida. Como resultado, aprenderá rápidamente a comer con los cubiertos.

♦ Ofrécele cubiertos más bien cortos para favorecer el contacto con los alimentos. Si los cubiertos son demasiado grandes, el niño puede sujetarlos con la punta de los dedos para evitar el contacto con el contenido del plato.

♦ Proporciónale cubiertos del tamaño adecuado.

♦ Opta por los materiales lisos, sin rugosidades. Por supuesto, a medida que tu hijo vaya avanzando, debes intentar variarle los cubiertos.

Consejos para la hiporreactividad

En primer lugar, si tu hijo disfruta con el mano-boca, deja que explore. Sin embargo, en lo que respecta a los cubiertos, te aconsejo los que tienen texturas estimulantes. En las tiendas especializadas puedes encontrar cucharas con revestimientos originales.

♦ Si tu hijo no se organiza bien con sus cubiertos, considera usar otros más pesados para mejorar su uso.

♦ Por último, si no controla demasiado las cantidades que llevarse a la boca, sustituye los cubiertos actuales por otros más pequeños.

Estar en la mesa

Las horas de las comidas también son momentos especiales con sus propias reglas y códigos. Cada familia tiene su propia manera de hacer las cosas y su propio ritmo, pero existen ciertas reglas y expectativas comunes en todas las familias.

Comportamientos observables según el perfil del niño

HIPERREACTIVIDAD	HIPORREACTIVIDAD
No quiere sentarse a la mesa.	Se mueve constantemente en la silla.
No quiere comer al mismo tiempo que los demás.	Adopta posturas inadecuadas.
Rechaza el plato o la comida.	Come con las manos.
Llora, grita a la hora de comer.	Se ensucia mucho.
Escupe la comida.	Vuelca el plato fácilmente.
No se come la comida de su plato.	

Consejos para la hiperreactividad

En primer lugar, habla con tu hijo para averiguar qué le molesta. Pregúntale: ¿son los olores?, ¿la comida?, ¿la cantidad?, ¿tienes hambre?

◆ Si el problema es el entorno, limita las aferencias sensoriales detonantes. Cambiar de lugar o comer solo antes o después que los demás para evitar el contacto con la comida de otras personas pueden ser soluciones. Obviamente, estas soluciones son sólo temporales, ya que deben consultarse con un profesional de la salud para encontrar otros remedios a más largo plazo.

◆ Para motivarle a sentarse a la mesa, insiste en que no le vas a obligar.

◆ Siempre debe haber en su plato, al menos, un alimento que le guste.

◆ Siempre que sea posible, coloca los alimentos de manera que no se toquen entre sí.

◆ Por último, asegúrate de que siempre tenga su servilleta para limpiarse las manos o la boca.

Consejos para la hiporreactividad

Si tu hijo tiene este perfil, la palabra clave es la colocación. Esta afirmación es aplicable a todos los niños a la hora de comer, pero lo es aún más en este caso. El niño debe estar bien dispuesto (plantas de los pies apoyadas en un soporte) y a la altura adecuada.

RELACIONES SOCIALES

¿Por qué hablar de las relaciones sociales en las actividades cotidianas? En primer lugar, para conseguir un nivel óptimo de bienestar o satisfacción, necesitamos tener relaciones e intercambios regulares con nuestros compañeros.

A través de sus relaciones, los niños desarrollan su propia imagen, experimentan y asimilan las reglas sociales. Las habilidades sociales son esenciales en el lugar que ocupa el niño en la sociedad o en la escuela.

A menudo, los padres me dicen que su hijo es tímido, que se queda en su rincón, que apenas habla, que se aísla fácilmente, que no le gusta que le toquen, que no se comunica mucho y que no suele compartir con los demás. Por otro lado, a veces me dicen que su hijo es intranquilo, que no se está quieto en un mismo sitio, que lo toca todo, que no gestiona su fuerza y que está distraído.

En efecto, una o varias de estas características pueden darse en el niño con dificultades sensoriales. Es común y fácil diagnosticar un problema psicológico en estos niños. A veces se los denomina hipersensibles, pero este término se utiliza con un enfoque psicológico. Esto es a veces inadecuado, ya que primero debería investigarse el dominio sensoriomotor y, por tanto, la calidad del proceso de integración sensorial del niño.

Un problema sensorial puede dar lugar a comportamientos inadaptados que, a su vez, pueden provocar problemas psicológicos como la falta de confianza en uno mismo, el miedo al otro, o problemas de desatención.

En esta sección hablaré de las habilidades personales, las habilidades de asertividad y las habilidades de comunicación. A continuación, propondré algunas actividades para estimular los elementos sensoriales de tu hijo.

Habilidades personales

Detrás de este término están varias de las habilidades que el niño desarrollará y aprenderá desde una edad muy temprana. Primero, aprenderá a comprender los sentimientos expresados por los demás. Más tarde, se enfrentará a la frustración cuando no consiga lo que quiere. Cuando uno de sus padres le diga que no, tendrá que aprender a manejar su frustración, su ira, así como también su estrés. Finalmente, más adelante, desarrollará la capacidad de adaptación para elegir la actitud correcta en relación con las respuestas de su entorno.

Comportamientos observables según el perfil del niño

HIPERREACTIVIDAD	HIPORREACTIVIDAD
No controla la ira.	No se enfada rápidamente.
Reacciona de forma exagerada (llora o grita) ante la más mínima frustración.	No reconoce las emociones en los demás.
Puede perder los nervios sin motivo aparente.	No controla la ira.
No sabe expresar sus sentimientos de manera clara.	Necesita varias llamadas de atención para dar una respuesta adecuada.
Presenta un estado de ansiedad constante e importante sin razón obvia.	Puede presentar un alto nivel de ansiedad.
No siempre reacciona adecuadamente a la situación.	

Consejos para la hiperreactividad

En primer lugar, si tu hijo muestra un comportamiento de tipo ansioso, debes tratar de identificar los motivos. ¿Es ocasional o se mantiene en el tiempo? ¿Ocurre en un momento concreto del día? ¿Quizás antes o después de una actividad? ¿En un entorno determinado?

Este trabajo, el cual puede realizarse junto a un profesional de la salud, es importante para poder establecer el posible origen del problema. A menudo, se trata de pequeños detalles que pasan desapercibidos.

- Ayuda a tu hijo a verbalizar sus sentimientos, ya sea con sus palabras, con dibujos o con signos. Es importante que pueda expresar sus sentimientos para aliviar los momentos de ira y frustración.

- Planifica regularmente pequeños descansos para estar tranquilos cuando esté en casa. La idea es crear una pequeña burbuja sensorial durante unos minutos, para que tu hijo pueda recargarse.

Consejos para la hiporreactividad

Aquí la diferencia con un niño hiperreactivo puede ser mínima. Sin embargo, lo que se suele observar es una dificultad para percibir las emociones de los demás y, por tanto, una confusión en las emociones de tu hijo. Por esa razón es necesario utilizar juegos (juegos de cartas o de imitación) en una fase temprana, para entrenar a tu hijo en el análisis y la comprensión de las emociones.

Aunque tu hijo tenga menos tendencia a enfadarse o a las rabietas, cuando esto ocurra será más difícil conseguir que vuelva a su estado normal. De nuevo, es importante anticiparse a estos arrebatos mediante la comunicación, así como identificar el origen del problema.

Habilidades de asertividad

Aquí el niño se convierte en actor, ya que tendrá que expresarse, pero también controlarse. Por ejemplo, desarrollará las habilidades para expresar sus necesidades de forma adecuada (normas de educación, comunicación), para expresar sus sentimientos, tanto negativos como positivos, y finalmente, tendrá que aprender a controlarse. Cuando hablamos de control, nos referimos, por ejemplo, a aceptar el rechazo, a aprender a pedir o a reaccionar ante un comportamiento malintencionado (burlas). Si las reglas sociales están en su mayoría bien asimiladas, es la gestión de todo ello lo que suele plantear dificultades.

HIPERREACTIVIDAD

No se atreve a preguntar.

Parece muy tímido, casi temeroso.

No tolera la frustración.

Se enfada rápidamente.

Puede tener dificultades para expresar sus sentimientos con claridad.

No tolera las burlas.

HIPORREACTIVIDAD

No se expresa demasiado o por el contrario se expresa todo el tiempo sin esperar respuestas.

Puede pasar de un tema a otro sin conexión obvia.

No expresa sus sentimientos con claridad.

No siempre reacciona cuando se le toma el pelo.

Consejos para la hiperreactividad

Tranquiliza a tu hijo y quítale importancia a la situación. Su comportamiento no es voluntario.
Simplemente no puede gestionar todos los estímulos que percibe de su entorno.

◆ Ayúdale a expresar sus sentimientos (el uso de elementos visuales suele ser eficaz). Esta dificultad para comunicarse con claridad puede generar frustración.

◆ Edúcale también para que responda a sus compañeros. Enséñale de memoria lo que decir a las personas que puedan molestarle en la calle o en el patio.

◆ En cualquier caso, si tienes alguna duda sobre lo que ocurre en el aula o en el patio, habla con su profesor. Es la mejor persona con la que podrías hablar y la mejor persona para velar por el bienestar de tu hijo.

Consejos para la hiporreactividad

Los consejos son bastante parecidos a los de los niños con hiperreactividad. La única diferencia es que tu hijo tendrá la tendencia a acaparar el turno de palabra. En este caso, hay que poner en marcha medidas de refuerzo. Es decir, una vez explicadas las normas, hay que insistir en el buen comportamiento. Cada vez que tu hijo respete su turno de palabra, puede recibir una bonificación, una golosina, algo que afirme y refuerce su buen comportamiento.

ACTIVIDADES DIARIAS

Habilidades de comunicación

Estas habilidades son esenciales para una buena escolarización. El niño aprenderá a dar una respuesta construida a una pregunta. Así comprenderá la importancia de respetar los turnos, un concepto clave en las actividades lúdicas, por ejemplo. Por último, tendrá que desarrollar habilidades atencionales para seguir una conversación, una lección, un intercambio o un juego. Es fácil imaginar que una deficiencia sensorial interferirá en el desarrollo de estas habilidades.

Comportamientos observables según el perfil del niño

HIPERREACTIVIDAD	HIPORREACTIVIDAD
No se comunica espontáneamente.	Presenta una capacidad de atención muy frágil.
Muestra ansiedad para responder a una pregunta.	Se mueve demasiado, lo que no facilita la atención y por tanto los intercambios.
Habla en voz baja.	Necesita estímulos para mantener una atención sostenida.
Se cansa muy rápidamente durante una conversación.	No responde inmediatamente a las preguntas; necesita tiempo para ponerse en marcha.
Se ve rápidamente abrumado por los estímulos del entorno.	A veces parece estar en las «nubes».
	No respeta los turnos.

Consejos para la hiperreactividad

En primer lugar, identifica los elementos del entorno que interfieren en la atención de tu hijo para que pueda concentrarse en sus intercambios (se recomienda la ayuda profesional).

♦ En casa, juega con tu hijo a juegos de preguntas y respuestas para practicar sus respuestas.

♦ Los juegos de canto también son interesantes para que juegue con su voz y aprenda a modularla.

♦ Por último, es necesario encontrar con él un elemento para que te haga saber cuándo está cansado. Esto puede ser simplemente comunicándose verbalmente o con una imagen que él te muestre, por ejemplo.

Consejos para la hiporreactividad

¿Tu hijo es muy movido? ¿Es incapaz de prestar atención y esto dificulta la interacción? La atención se tratará con más detalle en la parte dedicada a la escuela, pero ahora, por ejemplo, puedes organizar su tiempo.

♦ Alterna entre los momentos de movimiento (correr, jugar a la pelota, montar en bicicleta) y los de trabajo. Establece con antelación la hora de estos momentos con tu hijo para evitar crear frustración.

♦ El terapeuta ocupacional, además, puede implantar ayudas sensoriales que mejoren la atención del niño (pequeño widget para manipular, cojín de asiento).

♦ Por último, para los turnos, sugiero utilizar la herramienta de refuerzo mencionada anteriormente. Destaca el buen comportamiento.

Actividad 1

LLUVIA DE POMPAS DE JABÓN

El objetivo de esta actividad es explorar la esfera de la cara, así como reproducir el movimiento de la cabeza que se suele realizar durante el lavado del pelo (extensión del cuello).

3-6 años

MATERIAL
por persona

- Un tubo de pompas de jabón
- Una toalla
- Un cronómetro o reloj de arena
- Una pelota de gimnasia grande (opcional)

CONSEJO

Puedes ponerle gafas a tu hijo si tiene miedo de que le entre jabón en los ojos. Existen gafas infantiles muy graciosas o con la imagen de sus héroes preferidos.

1

En una habitación lo suficientemente espaciosa o en el exterior, colócate frente a tu hijo. Dale la vuelta al reloj de arena o pon en marcha el cronómetro (2 minutos).

2

Sopla burbujas sobre tu hijo. Debe intentar explotarlas con la frente o con la parte superior de la cabeza. Si a tu hijo se le da bien, no dudes en soplar muchas burbujas a la vez.

3

Cuenta el número de pompas de jabón explotadas a medida que avanzas. Repite la operación para cada jugador. Haz tantas rondas como quieras. Gana el jugador que explote más burbujas.

Variación (6 años y más)

Cada jugador se sienta sobre una pelota de gimnasia. El objetivo es crear cierta inestabilidad para aportar dificultad. Es posible que se produzcan caídas, así que coloca una alfombra o un cojín detrás de tu hijo.

ACTIVIDADES DIARIAS

MEMORIA DE TEXTURAS

El objetivo de esta actividad es estimular los componentes táctiles de tu hijo y hacer que explore materiales que puede o no conocer en forma de juego de memoria.

MATERIAL

- Una caja de zapatos
- Un cúter
- 6 retales de tela diferentes (sábana, sudadera, toalla, tela polar, terciopelo)
- Unas tijeras

PREPARACIÓN DE LA ACTIVIDAD

- Con las tijeras haz una abertura en la parte superior de la caja de zapatos de manera que tu hijo pueda introducir su mano.
- De los retales de tela, recorta cuadrados de 7 x 7 cm. Necesitas 2 para cada tipo de tejido.

 1

Siéntate a la mesa o ponte en el suelo sentado o tumbado sobre una colchoneta. Explícale a tu hijo que vais a jugar al juego de memoria con telas.

 2

Mezcla los retales de tela dentro de la caja y ciérrala.

Pídele a tu hijo que elija un trozo de tela y que encuentre su pareja.

3

Si encuentra la pareja del mismo retal, ¡gana! Si no es así, vuelve a poner el retal dentro de la caja y dile que lo intente de nuevo.

Cuenta el número de intentos. ¡El jugador con el menor número de intentos gana!

CONSEJO

Pide a tu hijo que tenga el trozo de tela en la mano para poder compararlo con el que está tocando.

ACTIVIDADES DIARIAS

SERPENTINA DE ESPUMA

La siguiente actividad consiste en crear espirales de burbujas. Tu hijo tendrá que usar la boca y controlar su respiración.

3-6 años

MATERIAL
por persona

- Una botella de plástico (como una botella de agua o de refresco)
- Un cúter
- Una toalla pequeña
- Una ensaladera
- Una goma elástica
- Lavavajillas líquido
- Agua

ACTIVIDADES DIARIAS

PREPARACIÓN DE LA ACTIVIDAD

- ◆ Es preferible realizar la actividad al aire libre.
- ◆ Recorta el fondo de la botella con el cúter (aproximadamente ¼ de la botella).
- ◆ Coloca la toalla en el fondo de la botella. Asegúrate de que la toalla esté bien apretada y sujétala a la botella con la goma elástica.
- ◆ Vierte un poco de detergente en la ensaladera y llénala de agua para obtener una mezcla espumosa.

---- **1** ----

Explícale a tu hijo que va a hacer una serpentina de espuma utilizando la botella y el agua con espuma.

Pídele que sumerja la botella por el lado de la toalla en la ensaladera.

---- **2** ----

Dile que sople por el cuello de la botella. Deja que ajuste su respiración para que pueda controlar el tamaño de las burbujas y la longitud de la serpentina. Asegúrate de que no chupa, ya que de lo contrario le entraría espuma en la boca.

---- **3** ----

Diviértete creando serpentinas de diferentes longitudes.

---- **4** ----

Cuando la toalla esté demasiado mojada, retírala y escúrrela. Luego puedes volver a ponerla y empezar de nuevo.

CONSEJO

Puedes utilizar colorante alimentario para hacer burbujas de colores. Para que la actividad sea aún más divertida, no dudes en decorar la botella con algunos accesorios.

ACTIVIDADES DIARIAS

FICHAS OCULTAS

La siguiente actividad consiste en explorar materiales con los que tu hijo no está familiarizado mientras se divierte con un conocido juego de mesa.[1] El hecho de elegir un juego que le guste le motivará para explorar el material. Este material húmedo le permitirá acercarse al agua sin miedo.

6-9
años

MATERIAL
por persona

- Un recipiente grande de plástico
- Una caja de bolas de hidrogel
- Agua
- Una toalla
- Un juego de Conecta 4® u otro juego de mesa con piezas de plástico que le guste a tu hijo

PREPARACIÓN DE LA ACTIVIDAD

- La actividad puede desarrollarse en el interior o en el exterior.
- La víspera, vierte las bolas de hidrogel en el recipiente de plástico lleno de agua hasta cubrirlas unos 3 cm.
- Deja que se hinchen de 6 a 8 horas.
- Asegúrate de que los brazos de los jugadores estén desnudos.

---

[1] Esta actividad se basa en el popular juego Conecta 4® de Hasbro Gaming®. Se trata de una versión adaptada del original a efectos de la actividad.

Con tu hijo, esconde las piezas de Conecta 4® entre las bolas de hidrogel. Mezcla bien. Puede empezar el juego.

Los jugadores se turnan para buscar su ficha en el recipiente de bolas. Empieza primero para que tu hijo pueda observarte. Si te encuentras con una ficha del otro jugador, tienes que volver a ponerla en la bandeja. Una vez que hayas encontrado tu ficha, colócala en el soporte del juego.

Pídele a tu hijo que busque su ficha en la bandeja. Dale tiempo para que se familiarice con el material. ¡Anímalo!

Dile a tu hijo que coloque la ficha en el soporte. Enséñale la toalla por si quiere secarse las manos.

Haz turnos hasta el final del juego (como recordatorio, hay que alinear 4 piezas).

CONSEJO

No obligues a tu hijo a mojarse las manos, motívalo mediante el juego. Puedes variar esta actividad infinitamente ya sea cambiando el juego de mesa o simplemente escondiendo otros objetos entre las bolas para que los busque y los encuentre.

ACTIVIDADES DIARIAS

EL AGUA Y LA ESPONJA

La siguiente actividad consiste en trasvasar el agua con una esponja. Parece un juego muy sencillo, pero está lleno de estímulos sensoriales importantes para el desarrollo de tu hijo. Mojar, girar, apretar y coordinar.

 3-6 años

MATERIAL
por persona

♦ 2 cuencos

♦ Una esponja grande (para adaptar según la edad de tu hijo)

♦ Agua

♦ Lo necesario para protegerse si la actividad es en el interior

♦ Una toalla

PREPARACIÓN DE LA ACTIVIDAD

♦ Vierte agua en uno de los cuencos (50 cl hasta los 4 años y 1 l para los mayores).

♦ Pon la esponja sobre la mesa y los 2 cuencos delante de cada jugador.

♦ ¡Arremángate y prepárate para jugar!

ACTIVIDADES DIARIAS

1

Explícale a tu hijo que el objetivo del juego es llenar el cuenco vacío con el agua del otro cuenco. Para ello, deberá utilizar la esponja.

2

Tu hijo tiene que sumergir la esponja en el cuenco con el agua para que la absorba. A continuación, escurrir la esponja sobre el cuenco vacío para verter la mayor cantidad de agua posible.

Pídele que repita el proceso hasta que haya eliminado toda el agua.

3

Para un niño más pequeño, enséñale la primera vez y luego deja que lo haga él. Haz hincapié en que deben utilizarse ambas manos.

4

Este juego admite varios jugadores, ¡el primero que vacíe todo el cuenco gana!

CONSEJOS Y TRUCOS

⬦ ¡Puedes hacer esta actividad al aire libre en un día de buen tiempo!

⬦ Para hacer la actividad más divertida, puedes añadir una gota de colorante alimentario al agua.

⬦ Siempre que tu hijo consiga trasvasar el agua, deja que lo haga a su manera, aunque veas que tiene poca técnica. Experimentará y se corregirá a sí mismo.

CAMINO SENSORIAL

La siguiente actividad consiste en crear un camino sensorial para que tu hijo pasee por él. El objetivo es animarle a descubrir diferentes materiales a través de la exploración de su entorno.

3-6
años

MATERIAL

- 7 cubos de plástico
- 6 materiales diferentes (hierba, arena, algodón, arroz, piedrecitas, harina)
- Agua
- Una toalla

PREPARACIÓN DE LA ACTIVIDAD

- Es preferible que la actividad se realice al aire libre, pero podría hacerse en el interior (esta actividad puede ensuciar).

- Vierte los diferentes materiales en los cubos (un material por cubo). Asegúrate de que todo el fondo del cubo esté cubierto con el material hasta al menos 2 cm de altura.

- Vierte el agua en el último cubo hasta una altura de 2 o 3 cm.

- Coloca los cubos uno tras otro, asegurándote de dejar un espacio de «descanso» entre sí. El orden es indiferente, pero termina con el cubo con agua y luego la toalla. Si tu hijo es muy sensible (híper) empieza con un material tipo arroz o algodón.

Dile a tu hijo que se quite los zapatos y los calcetines y que se arremangue los pantalones si es necesario. Lo ideal es realizar la actividad en pantalón corto o incluso en pañales para los más pequeños.

Explícale a tu hijo que va a realizar un recorrido de descubrimiento.

Por supuesto, puede participar toda la familia. Si tu hijo es pequeño, dale la mano al principio para darle seguridad.

No hay límite de tiempo. Tu hijo puede pasar todo el tiempo que quiera en un cubo para explorarlo, o pasar al siguiente rápidamente, según sus necesidades.

Si tu hijo tiene reparos con ciertos materiales, pídele que los toque primero con las manos para que coja confianza.

Tiene que pasar por los diferentes cubos hasta llegar al que tiene el agua para enjuagarse los pies. A continuación, se seca los pies con la toalla.

Repite la ronda al menos una vez, tratando de controlar el tiempo para los niños más mayores.

Deja unos 20 segundos por cubo.

Al final, deja que tu hijo juegue con el material que prefiera.

CONSEJOS Y TRUCOS

- Esta actividad puede ser un reto para algunos niños. Para motivarle, puedes añadir una recompensa al final del recorrido en forma de golosina o un juguete que le guste. Esto le motivará. Pero, sobre todo, no lo fuerces y dale mucho tiempo para que se familiarice con las diferentes bandejas.

- Si tu hijo es mayor, pídele que te describa cómo siente la planta de los pies.

ACTIVIDADES DIARIAS

BOTONES QUE CAEN

La siguiente actividad consiste en manipular diferentes tipos de botones para introducirlos en botellas sensoriales. La adaptación y la curiosidad son las palabras clave de esta actividad.

 3-6 años

MATERIAL
por persona

- Un surtido de botones diversos y variados en tamaños, formas y texturas
- 3 botellas de agua de 50 cl con tapón de rosca
- 3 tapones de rosca adicionales
- Colorante alimentario
- Glicerina
- Agua
- Cúter
- Pistola de pegamento

PREPARACIÓN DE LA ACTIVIDAD

- Vierte la mitad de agua y la mitad de glicerina en cada botella.
- Ten cuidado de no llenar las botellas por completo. Deja un 10 % sin llenar.
- Añade colorante alimentario para hacer más atractivas tus botellas.
- Haz una hendidura en las tapas para que puedan pasar los botones.
- Vuelve a poner los tapones en las botellas.
- Vierte los botones en una bandeja o cuenco.

ACTIVIDADES DIARIAS

Coloca las 3 botellas delante de tu hijo y la bandeja de botones.

Pídele que introduzca los botones en las botellas. Puedes jugar con tu hijo por turnos.

En la medida de lo posible, el niño debe alternar su mano izquierda con la derecha.

2

Varía las instrucciones del juego. Puedes pedirle que seleccione un tamaño de botón o un color de botella concretos para que inserte el botón.

3

Una vez colocados todos los botones, retira las tapas.

Utiliza la pistola de pegamento para pegar las tapas intactas en las botellas.

Cuando el pegamento se haya secado, tu hijo podrá jugar con las botellas con toda seguridad.

CONSEJO

La estimulación visual de las botellas motivará a tu hijo a manipular los botones.

Además, tendrá que adaptar su agarre al tamaño de los botones, pero también orientar su mano a la ranura. No dudes en variar el tipo de botones.

ACTIVIDADES DIARIAS

VESTIRSE CON DETALLE

El objetivo de esta actividad es asentar las fases del proceso de vestirse. Mediante una ayuda visual se reforzará la información sensorial que tu hijo necesita.

6-9 años

ACTIVIDADES DIARIAS

MATERIAL
por persona

- Una cámara de fotos o un *smartphone* (si tienes una Polaroid® es perfecto)
- Una prenda de vestir que tu hijo tenga dificultades para ponerse. Aquí tomamos el ejemplo de un jersey
- Una impresora
- Un espejo
- Masilla adhesiva

PREPARACIÓN DE LA ACTIVIDAD

- Explícale a tu hijo que le vas a hacer una foto poniéndose el jersey.
- Aquí sigue las fases habituales para vestirse.
- Un ejemplo para tu hijo:
  - Coloca el jersey en posición horizontal delante de ti.
  - Coge el jersey con las dos manos.
  - Introduce y pasa la cabeza con la ayuda de las dos manos.
  - Pasa la mano derecha por su lugar.
  - Pasa la mano izquierda por su lugar. La mano derecha puede ayudar.
  - Ajusta el jersey.
- Haz una foto de tu hijo en cada una de las fases.
- Imprime o revela las fotos.

1

Pega las fotos en el espejo con la masilla adhesiva en orden cronológico, de arriba abajo, con la primera fase en la parte superior.

La primera vez, quédate con tu hijo. En cada fase, pídele a tu hijo que mire la foto correspondiente y describa la acción.

2

Señala los errores si es necesario, pero siempre desde la orientación. Haz hincapié en que debe mirarse al espejo y compararlo con la imagen.

3

Una vez hecho correctamente, pídele que utilice este método durante toda una semana.

4

Repite el método con otras prendas con las que pueda tener dificultad.

CONSEJO

Adapta esta actividad a tu propia forma de vestirte. Cada persona tiene una técnica diferente, así que hay que adaptarla a cada uno.

ACTIVIDADES DIARIAS

DESCUBRIMIENTO DE ALIMENTOS

El objetivo de esta actividad es explorar nuevos alimentos mediante un método multisensorial estructurado.

3-6
años

MATERIAL

- 7 cuencos
- 6 alimentos diferentes (3 alimentos que le gusten, 3 desconocidos o que no le gusten)
- Un vaso de agua
- Una servilleta

PREPARACIÓN DE LA ACTIVIDAD

- Vierte una pequeña cantidad de cada alimento en los cuencos (1 alimento por cuenco).
- Por ejemplo aquí, al azar, pondremos manzana, plátano, galleta salada, zanahoria cocida, pasta cocida y miel.
- Para las frutas y verduras, córtalas en trozos pequeños.
- Coloca los 6 cuencos delante de tu hijo, también el séptimo cuenco vacío.
- Deja el vaso de agua a su disposición.

①

Explícale a tu hijo que va a descubrir todos estos alimentos de una manera original.

②

Para cada cuenco debe seguir el siguiente método:

- Observo el alimento.
- Huelo el alimento.
- Toco el alimento (primero puede tocarlo con la punta de los dedos).
- Agarro el alimento.
- Beso el alimento.
- Dejo que toque mi lengua.
- Me lo meto en la boca.
- Lo muerdo varias veces.
- Me lo trago.

③

Empieza con uno de sus alimentos favoritos y alterna con otro nuevo. Asegúrate de mantener el orden de los pasos. Si se atasca demasiado en un paso concreto, sáltatelo.

Antes de empezar, enséñale el séptimo cuenco y dile que puede escupir ahí la comida en cualquier momento. Anímale, pero no le fuerces si ves que un paso es imposible para él.

④

Pídele que describa verbalmente cómo se siente cuando sea posible.

¡Haz al menos 2 rondas!

CONSEJOS Y TRUCOS

◆ Para apoyar visualmente el método, puedes crear un cuadro que muestre los distintos pasos. Puedes hacer fotos o dibujos para ilustrar las acciones.

◆ Esta actividad puede concebirse como un juego en el que cada uno aplica por turnos el método a un alimento. No dude en utilizar este método durante la comida.

DELICIAS DE COCINA

La actividad siguiente consiste en la elaboración de una receta cuya herramienta principal es utilizar las manos. Esta dulce receta hará que tu hijo toque, amase o moldee. Aquí prepararás galletas. ¿Por qué esta receta? Porque requiere mucha manipulación con las manos.

3-6 años

MATERIAL

(para 4 personas)

- Una balanza
- Un horno
- Un cuenco
- 80 g de mantequilla blanda
- 1 huevo
- 80 g de azúcar
- 1 sobre de azúcar de avainillada
- 140 g de harina
- 100 g de chocolate de repostería
- 1 cucharadita de sal
- Medio sobre de levadura en polvo

PREPARACIÓN DE LA ACTIVIDAD

- Pesa los distintos ingredientes.
- Precalienta el horno a 180 °C.
- ¡Ponle un delantal a tu hijo y arremángale!

Aquí hay que hacerlo todo con las manos. Deja que tu hijo experimente al máximo. Si en algún momento quiere lavarse las manos, que lo haga, pero invítale a retomar que la actividad enseguida.

Vierte la mantequilla, el azúcar, el huevo y la vainilla dentro del cuenco.

Pídele a tu hijo que lo mezcle con las manos. Mientras se mezcla, añade poco a poco la harina, la levadura y el chocolate cortado en trozos pequeños.

Tu hijo tendrá que amasar durante un rato hasta conseguir una masa suave. Asegúrate de que utiliza las dos manos.

2

Una vez que la mezcla esté bien amasada, haz bolitas con ella con las manos.

3

Coloca las bolitas en una bandeja de horno cubierta previamente con papel de hornear. ¡Dejar cocer unos diez minutos antes de comértelas!

CONSEJO

La actividad presentada aquí es sólo una de muchas recetas. Lo importante es recordar que hay que usar las manos. Tu hijo debe manipular respetando su ritmo y su tolerancia a la estimulación sensorial. Elige la receta con tu hijo para motivarlo. Durante esta actividad, cabe esperar que las manos manipulen cada vez más y, por qué no, que un dedo se deslice disimuladamente hasta la boca para probar la mezcla.

LA PESCA DEL PATO

Se trata de un juego sobre inspirar y espirar. El objetivo es reforzar la capacidad del niño para cerrar la boca y respirar. ¿Qué podría ser mejor que un juego de pesca de patos?

6-9
años

MATERIAL
por persona

- Una pajita
- 6 patitos de papel (puedes dibujarlos en una hoja o buscarlos en Internet)
- Un cuenco
- Algunos lápices de colores

Cada jugador tendrá que salvar sus patos.

❶

Aspira por la pajita para que el pato se pegue a ella.

Mantén la aspiración mientras mueves el pato sobre el cuenco.

❷

Deja de aspirar para que el pato caiga dentro del cuenco.

El primer jugador que salve a todos sus patos gana.

PREPARACIÓN DE LA ACTIVIDAD

- Cortar 6 patitos por persona. El pato no debe superar los 10 cm de altura.
- Colorea los patos en grupos de 6 del mismo color.
- Siéntate a la mesa. Coloca los patos, el cuenco y la pajita delante de cada jugador.

CONSEJO

Puedes variar las reglas del juego poniendo un límite de tiempo, por ejemplo. También puedes cambiar las posiciones: jugar de pie, aumentando las distancias entre los patos y el cuenco. Utiliza siempre objetos grandes en esta actividad para evitar tragarlos accidentalmente.

ACTIVIDADES DIARIAS

EL CEPILLO MÁGICO

Esta actividad es un método para mejorar la calidad de la masticación a la hora de comer. Está indicado para los niños con tendencia a metérselo todo en la boca y masticarlo. Aquí saturarás a tu hijo a nivel sensorial, para conseguir que tenga un comportamiento más adecuado durante las comidas.

 3-6 años

MATERIAL

- Un cepillo de espuma (palo de cuidado bucal) o un Z-vibe®
- Un Time-Timer® o un temporizador
- Un cronómetro

CONSEJOS Y TRUCOS

- A los niños mayores de 6 años, puedes darles más independencia sin dejar de estar cerca de ellos.
- Debes probar varios tipos de cepillo en función de las necesidades de tu hijo. Si no tienes ninguno, puedes empezar usando un cepillo de dientes.

 1

Explícale a tu hijo que vas a cepillar el interior de su boca y que cuando él quiera que te detengas, sólo tiene que hacerte una señal.

 2

Pon en marcha el temporizador y cepilla estimulando el interior de sus mejillas. Realiza movimientos lentos y circulares.

 3

Tu hijo puede guiarte en el cepillado o hacerlo por sí mismo.

Cuando quiera parar, para el temporizador y registra el tiempo.

 4

Realiza este cepillado antes de cada comida. También puedes utilizar el Time-Timer®. Cuando suene, el cepillado habrá terminado.

ACTIVIDADES DIARIAS

EL TERMÓMETRO SENSORIAL

El objetivo de esta actividad es crear una herramienta con tu hijo para que te diga visualmente en qué estado sensorial y atencional se encuentra.

3-6 años

MATERIAL

- Una hoja de papel tamaño A4
- Una plastificadora
- Una bolsa de plastificación
- Un compás
- Una regla
- Unas tijeras
- Encuadernador de latón
- Lápices de colores
- Un lápiz de madera

PREPARACIÓN DE LA ACTIVIDAD

- Siéntate a la mesa con tu hijo.
- En una de las mitades de la hoja de papel, traza con un compás un semicírculo de 10 cm de radio.
- Con la regla, dibuja 3 partes iguales en el semicírculo.
- En la otra mitad de la hoja, dibuja una flecha de 2 cm de ancho y 6 cm de largo.
- Explícale que la herramienta que estáis creando juntos le permitirá explicar cuándo se siente cansado o si todavía está bien y receptivo y cuándo está saturado y es probable que se altere.

ACTIVIDADES DIARIAS

①

Pídele a tu hijo que recorte la flecha y el semicírculo.

Dile que coloree las 3 partes del semicírculo con los colores del semáforo, de izquierda a derecha (verde, amarillo, rojo). También debe colorear la flecha con otro color de su elección.

②

Juntos, en cada color, dibujad o escribid (según su edad) algo que represente su estado. Por ejemplo, una cara sonriente para el verde, una cara soñolienta para el amarillo y una cara enfadada para el rojo.

③

Plastifica el semicírculo y la flecha.

Con las tijeras, haz un pequeño agujero en el centro del semicírculo y en la base de la flecha.

Engánchalos con el encuadernador de latón.

¡La herramienta ya está lista!

CONSEJOS Y TRUCOS

◆ Personaliza al máximo esta herramienta. Puedes utilizar personajes de superhéroes, dibujos animados o simplemente escribir palabras. Tu hijo debe hacerla suya.

◆ Utiliza esta herramienta en casa y en el colegio para que antes de cada actividad tu hijo pueda compartir su estado sensorial. Entonces, para cada estado, se pueden implementar estrategias con los profesionales de la salud y la educación.

BOLAS DE MASAJE

Vas a realizar una actividad de masaje, con el objetivo de ofrecer tanto un momento de relajación como un momento de estimulación del sistema sensorial.

3-6
años

 MATERIAL

- 2 bolas sensoriales (pelotas con relieves o pelotas con texturas no lisas)
- Una pelota Klein® (pelota de gimnasia o de pilates)
- Una esterilla de gimnasia

PREPARACIÓN DE LA ACTIVIDAD

- Coloca a tu hijo en el interior o en el exterior de la esterilla de gimnasia.
- Explícale que le vas a dar un pequeño masaje, el cual podría llamarse el masaje del elefante, ya que se apoyará ejerciendo presión.

ACTIVIDADES DIARIAS

Pídele a tu hijo que se tumbe boca abajo. Es preferible que esté en ropa interior o ropa cómoda.

Dependiendo del perfil de tu hijo, el enfoque será diferente. Si tu hijo ya es reacio a que lo toquen, empieza con la pelota grande. Si, por el contrario, tu hijo disfruta con el contacto y le gusta que lo toquen, empieza con las pelotas sensoriales pequeñas. Los movimientos serán similares.

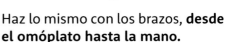

Empieza de proximal a distal, es decir, **de la cadera al pie o del hombro a la mano.**

Coloca la pelota en la cadera y rueda suavemente hacia los pies. La presión debe ser bastante fuerte para que el masaje sea profundo y no superficial.

Rueda hacia adelante y hacia atrás 3 veces, y luego pasa a la otra pierna.

Haz lo mismo con los brazos, **desde el omóplato hasta la mano.**

Hazlo sobre la espalda, pero con cuidado de manejar el apoyo para no hacerle daño a tu hijo.

Puedes alternar con diferentes pelotas en función de los deseos de tu hijo.

Repite la operación con tu hijo tumbado de espaldas, pero evitando las zonas del estómago y la cara.

Una vez terminado el masaje, pídele a tu hijo que lo repita contigo.

CONSEJO

Adapta el tiempo, la presión y el número de pasadas según los deseos de tu hijo. Se trata de un momento de relajación y de compartir. Normalmente tendrá un efecto calmante.

EL DIARIO PERSONAL

La siguiente actividad consiste en llevar un pequeño diario de las dificultades de tu hijo. Esto os ayudará a ambos a identificarlas mejor y, por lo tanto, a encontrar las soluciones adecuadas.

9 y + años

MATERIAL

- Un pequeño cuaderno A5 o de 17 x 22 cm
- Un bolígrafo

ACTIVIDADES DIARIAS

PREPARACIÓN DE LA ACTIVIDAD

- Explícale a tu hijo que tendrá que anotar en el cuaderno todas las actividades que haya realizado durante el día. Puede detallar cada actividad tanto como quiera. Tendrá que evaluar el esfuerzo que le ha supuesto cada ctividad.

- Para ello, se le tendrán que asignar un número de monedas. Cuanto mayor sea el número de monedas, más compleja será la actividad para él (difícil, cansado).

- El número de monedas es ilimitado.

Por ejemplo, elige un día del fin de semana. En la noche de ese día, anota con tu hijo en el cuaderno las diferentes actividades realizadas. Estas actividades incluyen las tareas de la vida diaria (lavarse, vestirse, desplazarse, etc.).

②

Pídele a tu hijo que asigne un número de monedas para cada actividad. Tranquilízale y dile que no hay respuestas incorrectas.

Cuando haya aprendido el proceso, pídele que haga este trabajo durante una semana. Puedes guiarle, pero tiene que calcular el número de monedas.

③

Al final de la semana, haced un balance juntos y anotad las actividades que requieren más monedas. Pregúntale a tu hijo sobre esas actividades, sobre la hora, el entorno, si pasó algo durante la actividad... Juntos podréis identificar las alteraciones sensoriales y encontrar estrategias.

CONSEJO

Este trabajo requiere cierta capacidad de razonamiento. Se recomienda a partir de la edad escolar, aunque es posible hacerlo con un niño más pequeño. Si las actividades siguen siendo difíciles de identificar o las razones de las dificultades encontradas no están claras, te recomiendo que consultes con un profesional.

ACTIVIDADES DIARIAS

¡SIGUIENTE!

El objetivo de esta actividad es proporcionar apoyo sensorial para el aprendizaje de los turnos en niños pequeños.

3-6
años

 MATERIAL

- Un juego de cartas apropiado para la edad (por ejemplo, UNO Junior®)
- Un timbre de mesa

PREPARACIÓN DE LA ACTIVIDAD

- Limita el número de jugadores a tres para no crear frustración en tu hijo al esperar su turno.
- Explica las reglas del juego (por ejemplo, UNO Junior®) si no las conoce.

ACTIVIDADES DIARIAS

Además de las reglas habituales, añadirás una nueva: el timbre siempre está con el jugador que tiene su turno. Una vez que el jugador ha jugado, suelta el timbre y lo pasa al siguiente jugador. Da ejemplo a tu hijo y deja que maneje el timbre durante unos minutos.

¡Proponle que sea él quien empiece!

2

Asegúrate de que quien toca el timbre lo pasa al siguiente jugador. Continúa el juego con esta regla. Si tu hijo se siente cómodo, puedes acelerar el ritmo o aumentar el número de jugadores.

Deja que gane para recompensarle por seguir las reglas del juego.

CONSEJO

Este tipo de actividad puede realizarse en el suelo o en la cama. No dudes en variar de lugar. Los timbres o los objetos sonoros son muy buenas herramientas sensoriales para apoyar el aprendizaje. Si a tu hijo no le gusta el ruido, puedes utilizar herramientas de luz o que hagan viento. Tienen que encontrarlo interesante.

ACTIVIDADES DIARIAS

ACTIVIDADES DE OCIO

En este capítulo, abordaremos la ocupación favorita de los niños: jugar. De hecho, para un niño, especialmente para los más pequeños, el tiempo de ocio se centra en las actividades lúdicas. Desde su nacimiento, esta ocupación es una fuente inagotable de diversión, intercambio, descubrimiento y aprendizaje. Gracias a las posibles combinaciones de actividades, tu hijo siempre encuentra un juego motivante. Esta motivación es esencial en el aprendizaje, ya que empujará a tu hijo a intentarlo una y otra vez si fracasa. Cuando un niño se encuentra con dificultades sensoriales, su capacidad de rendimiento puede verse mermada enseguida y sentirse insatisfecho.

Cuando las dificultades se convierten en un obstáculo

El primer síntoma de dificultades sensoriales es un niño retraído que participa muy poco en el juego, incluso cuando es un bebé. También puede estar muy «tenso», siempre alerta. A medida que crezca, sus actividades lúdicas se convertirán en actividades de ocio más específicas, como el deporte, la música o el arte, las cuales suelen ser muy exigentes en términos de habilidades motoras, aprendizaje y habilidades sociales. Por lo tanto, es esencial que las bases sensoriales de tu hijo estén presentes y funcionen adecuadamente.

En cualquier caso, si tu hijo presenta este tipo de dificultades, es posible ayudarle. Escucha a tu hijo y no le obligues a jugar o a hacer algo que no quiera. En cambio, anímale a experimentar, a probar cosas, teniendo siempre presente la idea de divertirse.

En esta sección, he elegido tratar tres temas principales: los juegos motores y actividades deportivas, las actividades al aire libre y los juegos de movilidad. Es obvio que resulta imposible ser exhaustivo, pero intentaré centrarme en las peticiones que más a menudo encuentro en mi consulta. Para cada uno de estos temas, te explicaré qué comportamientos pueden identificarse según el perfil de tu hijo y luego sugeriré actividades para ayudarte. Pueden ser actividades lúdicas, de creación de herramientas o de relajación. La mayoría de estas actividades pueden realizarse en familia. Permítele siempre a tu hijo que haga el mayor número posible de pasos por sí mismo. Respeta su ritmo, permanece atento a los signos de frustración o saturación. **La palabra clave es: diversión.**

JUEGOS DE MOTRICIDAD Y ACTIVIDADES DEPORTIVAS

Abordo estos dos temas porque están estrechamente relacionados. Es a través de los juegos motrices como tu hijo desarrollará sus habilidades sensoriomotrices. Son excelentes apoyos para el desarrollo motor. Una vez adquiridas estas habilidades, tu hijo puede experimentar con otras actividades, como los deportes. Así podrá desarrollar sus habilidades en un área específica.

Pero ¿a qué nos referimos cuando hablamos de juegos motrices? A todas aquellas actividades lúdicas que implican habilidades motrices con un objetivo concreto o simplemente por diversión. Por ejemplo, en el caso de un bebé puede ser manipular un sonajero o llevárselo a la boca. Más adelante, serán juegos de encajar, atornillar/desatornillar, trasvasar y construir. Más adelante, pueden ser juegos de montaje como Lego® o actividades creativas más complicadas. Por supuesto, estos juegos no se limitan a simples manipulaciones. De hecho, en cuanto combinamos el movimiento, las posibilidades son mucho más numerosas. Los juegos pueden ser de habilidad, de pelota, de velocidad o de reflejos.

Las actividades deportivas son a menudo una extensión y una especialización de estos juegos. Pero más allá de la motricidad, se añaden las nociones de grupo y competencia.

Un sistema sensorial que funcione bien es fundamental para superar todas estas etapas, ya que si no funciona correctamente, su impacto negativo puede ser importante.

Voy a repasar las principales categorías de los juegos motrices, explicando los comportamientos que puedes encontrar en tu hijo, así como consejos para entender mejor estas actividades. Es obvio que las dificultades sensoriales afectarán a diferentes ocupaciones y que verás los mismos consejos en varias ocupaciones distintas. Además, como se ha comentado anteriormente, todos

tenemos diferentes umbrales de percepción. Por eso es muy difícil generalizar los comportamientos observables y su intensidad.

A continuación, te propongo algunas actividades para estimular los componentes sensoriales de tu hijo. Hay actividades para perfiles hiperreactivos y actividades para perfiles hiporreactivos.

Juegos de pelota

Si miras la zona de juegos de un bebé o de un niño pequeño, es muy probable que encuentres una pelota o un globo. No es de extrañar que éste sea el primer juego al que juegues con tu hijo. Al fin y al cabo, ¿qué puede ser más sencillo que pasarse el balón de un lado a otro?

Comportamientos observables según el perfil del niño

HIPERREACTIVIDAD	HIPORREACTIVIDAD
No parece atraído por la actividad.	Le gusta manejar la pelota.
No quiere tocar las pelotas.	No consigue atrapar la pelota.
Llora cuando se le ofrece una pelota.	No anticipa la trayectoria de la pelota.
Atrapa la pelota con la punta de los dedos.	No se posiciona en relación con la trayectoria de la pelota.
Se cae fácilmente al lanzar o recibir la pelota.	Lanza la pelota con demasiada fuerza o no la suficiente.
No sigue la pelota con la mirada.	
Tiene miedo cuando se le acerca la pelota.	

Consejos para la hiperreactividad

Es posible actuar a una edad muy temprana, desde la aparición de los primeros síntomas. Se debe de hacer reaccionar a un niño que llora o que parece retirarse de la actividad y consultar con un médico. Es necesario irle introduciendo en el juego poco a poco motivándole.

- Ofrécele varias pelotas de diferentes materiales para que pueda elegir su favorita.

- Luego, varía los materiales y tamaños para que pueda adaptarse.

- Empieza jugando sentado en el suelo, asegurando a tu hijo. Puedes apoyarlo contra una pared y ponerle cojines alrededor para evitar cualquier riesgo de caída.

- Empieza con juegos sencillos de intercambio de pelotas, tomándote mucho tiempo entre los lanzamientos.

- Si esto le resulta difícil a tu hijo, haz rodar la pelota por el suelo.

Consejos para la hiporreactividad

Tu hijo puede presentar 2 actitudes: puede disfrutar manejando la pelota y estar muy activo o, por el contrario, parecer un poco «desconectado» y necesitar mucha estimulación para estar presente. Sólo una evaluación específica por parte de un terapeuta ocupacional puede definirlo con precisión.

- Ofrécele varias pelotas de diferentes materiales y formas.

- Cuando lances la pelota, verbaliza tu gesto para preparar a tu hijo para recibirla. Pídele que siga la pelota con la mirada.

- Ofrécele pelotas de diferentes pesos, para que le ayude a ajustar la fuerza de sus gestos.

- Es importante variar las experiencias lo máximo posible, siguiendo el ritmo de tu hijo para no acelerar ni ralentizar su aprendizaje y sus descubrimientos.

Juegos de montaje

Dentro de esta categoría, podemos agrupar los juegos de hilar, ensamblar y emparejar. Estas actividades implican tocar, manipular, organizar los gestos y adaptarse continuamente a lo nuevo. Cuando existen dificultades sensoriales, estas actividades aparentemente básicas pueden resultar complejas para tu hijo.

Comportamientos observables según el perfil del niño

HIPERREACTIVIDAD	HIPORREACTIVIDAD
Evita tocar o manipular.	No organiza bien sus movimientos.
Toca los objetos con la punta de los dedos.	Permanece en la manipulación de objetos y no completa la tarea.
Llora o muestra ansiedad cuando se le ofrece este tipo de actividad.	Adopta posturas peculiares, no esperadas en este tipo de actividad.
Se altera muy rápidamente al realizar la actividad.	Muestra muy poca capacidad de atención.
No parece estar estable sobre sus pies.	No gestiona la fuerza de sus movimientos.

Consejos para la hiperreactividad

En caso de una hiperreactividad importante, se observan dificultades de manipulación desde el nacimiento. Consulta con tu pediatra ante la menor duda. No obstante, la mayoría de las veces, estas dificultades sólo tendrán impacto a partir de los 2 o 3 años. De hecho, tu hijo no podrá pasar a juegos o actividades más complejos.

♦ Primero, ofrece objetos neutros en cuanto a materiales y colores. El objetivo es que tu hijo sea capaz de manipularlos con facilidad.

♦ Tranquiliza a tu hijo y ofrécele este tipo de juego con regularidad, sin forzarlo. Respeta su ritmo. Si la actividad sólo dura unos minutos no pasa nada. Vuelve a intentarlo más tarde.

♦ Asegura su posición cuanto puedas, ya sea sentado, de pie o acostado. Utiliza cojines, por ejemplo.

Consejos para la hiporreactividad

Muéstrale varias veces cómo hacer la actividad. Si es lo suficientemente mayor como para verbalizar y entender, no dudes en describirle los pasos verbalmente y pedirle que lo haga él también.

♦ Para evitar que se dedique únicamente a la manipulación, ofrécele un tiempo en el que pueda rebuscar y jugar sin rumbo con los objetos y un tiempo para realizar la actividad (si es necesario, utiliza un temporizador).

♦ No corrijas siempre su postura si se las sigue arreglando para llevar a cabo los juegos propuestos. Por otro lado, ofrécele jugar en el suelo, incluso si tu hijo ya es mayor.

♦ Ofrécele juegos que requieran que gestione su fuerza, como juegos del tipo de bloques de construcción.

Juegos de raqueta

He decidido tratar este tipo de deporte porque es una petición muy habitual de mis pacientes: «¿Puede practicar este tipo de deporte mi hijo? ¿Y tenis? ¿Y bádminton?». Se trata de juegos de habilidad motriz que implican el uso de un instrumento o un accesorio.

Comportamientos observables según el perfil del niño

HIPERREACTIVIDAD	HIPORREACTIVIDAD
No muestra interés por este tipo de deporte o juego.	No sigue ni anticipa las trayectorias.
Siente miedo cuando tiene que coger el objeto (pelota, volante, etc.).	No adopta las posturas correctas.
Se cae con facilidad, pierde el equilibrio o, por el contrario, se mueve muy poco y necesita estabilizarse.	Golpea el objeto con demasiada o demasiada poca fuerza.
Se enfada con facilidad. Puede gritar o llorar.	No agarra el instrumento correctamente.
	Se cansa muy rápido, tiene poca resistencia.

Consejos para la hiperreactividad

En este tipo de actividad, se da la acción de recibir y enviar. En el niño hiperreactivo, es sobre todo la noción de recepción la que se verá afectada. Mostrará un comportamiento muy temeroso y se mostrará más bien en actitud evitativa.

♦ Empieza con actividades de emisión: primero enséñale a golpear, pegar y enviar el objeto.

♦ Juega sin moverte, avisándole cada vez que se lo mandes.

♦ Juega sin ninguna intención de competencia, el objetivo es que tu hijo reciba el objeto y lo devuelva. La dirección no importa.

♦ Puede jugar sentado si necesita estabilizarse.

Consejos para la hiporreactividad

¿A tu hijo le gusta jugar, golpear, lanzar, pero no puede organizarse? ¿Se le escapa a menudo la pelota? Si bien estas dificultades no son importantes mientras es aún joven, pueden ser un problema cuando tenga la edad suficiente para jugar con sus amigos o en un club deportivo.

♦ Guíalo verbal y físicamente. Repite los gestos correctos con el instrumento sin jugar.

♦ Utiliza el ritmo para ayudarle (por ejemplo, dando palmas).

♦ Varía el peso y el tamaño de los objetos.

♦ Dale tiempo, ya que se cansará rápidamente. ¡Anímale y motívale dejándole ganar de vez en cuando!

ACTIVIDADES AL AIRE LIBRE

Estas actividades están llenas de descubrimientos, tanto en lo que se refiere a la sensoriomotricidad como al aprendizaje. No obstante, cuando se habla de actividades al aire libre, se habla de un entorno no controlado. Para hacer frente a esto, tu hijo está dotado de un supersistema sensorial, mediante el cual se adapta muy rápidamente y aprende de su entorno.

Jugar con el agua, ir a la playa o la jardinería son actividades muy diversas. Tu hijo puede encontrar muchas acciones como mojarse, tocar el agua, estar en contacto con la arena, caminar sobre la hierba, cavar, plantar, etc., todas ellas acciones «divertidas» que podrían convertirse rápidamente en obstáculos y un momento difícil.

Para ayudarte, voy a detallar algunas actividades al aire libre. A continuación, te propondré algunas actividades para estimular los componentes sensoriales de tu hijo. Hay actividades para perfiles hiperreactivos y otras para perfiles hiporreactivos.

Juegos de agua

Aquí, cómo no, pensamos en las famosas guerras de agua de nuestra infancia. Pero también podemos hablar de ir a la piscina, por ejemplo. Hay que tener cuidado de no crear una inseguridad específica en tu hijo, ya que el contacto con el agua es algo habitual.

Comportamientos observables según el perfil del niño

HIPERREACTIVIDAD	HIPORREACTIVIDAD
No tolera que le echen agua encima, especialmente en la cara.	No parece darse cuenta de que está empapado o mojado.
No quiere jugar a este tipo de juegos, se esconde o se escabulle.	No apunta correctamente.
Llora o grita en cuanto le cae agua encima o incluso antes en previsión.	No sabe utilizar las herramientas.
Se altera muy rápidamente. Puede haber gritos o llantos.	No coordina bien los movimientos (nadar).
	No escucha cuando se le llama en un entorno ruidoso.

Consejos para la hiperreactividad

Si tu hijo está ansioso o llorando incluso antes de realizar la actividad, es porque el contacto con el agua o un elemento involucrado en este juego es imposible de manejar para tu niño. Si no entiendes por qué, pregúntale a tu hijo, dialoga con él.

◆ No fuerces a tu hijo si no quiere participar en este tipo de actividades.

◆ Empieza jugando en parejas, sin demasiada gente.

◆ Acostúmbrale poco a poco al contacto con el agua, dejándole jugar solo en los juegos de trasvase, por ejemplo.

◆ Sugiérele que se moje ciertas partes del cuerpo voluntariamente.

◆ En la piscina, se aconsejan las franjas horarias poco concurridas.

◆ Asegúralo con flotadores y manguitos.

◆ Respeta su ritmo y entra poco a poco en el agua.

Consejos para la hiporreactividad

Un perfil hiporreactivo tendrá menos dificultades con esta actividad, pero aun así tendrás que ayudar a tu hijo con los movimientos, especialmente para aprender a nadar, que puedan resultarle más difíciles. En este caso, son preferibles las clases particulares, ya que ofrecen un entorno tranquilo.

La playa

Ir al mar, pasear por la playa, jugar con la arena... Estas actividades son una fuente de placer y juego para los niños. Sin embargo, si tu hijo tiene dificultades sensoriales, este momento de placer puede convertirse rápidamente en una experiencia desagradable.

Comportamientos observables según el perfil del niño

HIPERREACTIVIDAD	HIPORREACTIVIDAD
Grita o llora en cuanto toca o ve la arena.	Le gusta manipular, cavar.
Toca con la punta de los dedos.	Puede revolcarse en la arena y no ser consciente de que tiene arena por todas partes.
No quiere tocar la arena, se queda exclusivamente en la toalla.	Puede llevarse la arena a la boca.
No consigue jugar a juegos de construcción con la arena.	No puede excavar, moldear o desmoldar la arena.

Consejos para la hiperreactividad

Si el contacto con la arena no es posible, elige las horas menos calurosas para que la arena sea más agradable. Ponle unas sandalias y ropa protectora (tipo anti-UV) para limitar las zonas de contacto con la arena.

♦ Ten siempre a mano un pulverizador y una toalla.

♦ Coloca a tu hijo sobre una toalla con juegos de su elección y un poco de arena cerca de él.

♦ También puedes esconder objetos en la arena para que tu hijo los encuentre. Utiliza el juego para motivar a tu hijo.

Consejos para la hiporreactividad

El consejo principal es estar atento. El riesgo principal es que se ponga las cosas en la boca, por lo que no hay que bajar la guardia. Ofrécele «ocupar» su boca durante esta actividad dándole un aro de dentición, un chupete o un chicle, según su edad.

El jardín

¿Qué puede ser más natural que disfrutar del buen tiempo en un parque o jardín? El contacto con la hierba, la tierra, plantar, sentir el olor de las flores o las plantas aromáticas... Es un verdadero campo de descubrimientos que fácilmente puede volverse complicado para un niño con dificultades sensoriales.

Comportamientos observables según el perfil del niño

HIPERREACTIVIDAD	HIPORREACTIVIDAD
Reacciona violentamente en contacto con la hierba o el suelo.	Se quita los zapatos y los calcetines muy rápidamente para caminar descalzo.
Lleva sistemáticamente zapatos o calcetines para salir y no quiere quitárselos.	Juega fácilmente con la tierra, arranca la hierba o las flores.
Si juega con la tierra, tiene que lavarse las manos rápidamente y muy a menudo.	No gestiona el movimiento al cavar o plantar.
Se maneja con la punta de los dedos.	Rueda por el suelo, salta, adopta posiciones y posturas no adecuadas para la actividad.
No soporta el olor de las flores o de la hierba.	Puede presentar una actitud apática con poco interés en la actividad.

Consejos para la hiperreactividad

Progresividad y paciencia son las palabras clave. Pero no subestimes la importancia de la motivación.

- Utiliza su juego favorito y colócalo cerca del césped o de la tierra.

- Utiliza una toalla y colócala en el suelo para que pueda jugar fuera. Reduce gradualmente el área que cubre la toalla para favorecer el contacto.

- Ofrécele al principio sandalias sin calcetines.

- Que utilice herramientas adaptadas a su tamaño para que no se ensucie las manos. El objetivo es mantener algún contacto. Si las mangas son demasiado largas, esto no será posible.

Consejos para la hiporreactividad

Estas actividades no serán problemáticas, a menos que el perfil de tu hijo sea muy hipersensible.

En este caso, no hay que dudar en multiplicar las experiencias.

- Ofrécele rápidamente actividades de jardinería.

- Pídele que utilice las manos en lugar de las herramientas, y asegúrate de que no se las lleva a la boca.

JUEGOS DE MOVILIDAD

Saltar, rodar, pedalear, trepar, correr y gatear son acciones que tu hijo aprenderá a dominar a lo largo de su desarrollo. Dependiendo de sus gustos e intereses, desarrollará más una u otra de estas habilidades hasta que esté satisfecho con su rendimiento. Estas habilidades rara vez se aprenden de golpe, por lo que tu hijo tendrá que experimentar constantemente con sus límites para progresar.

Sin embargo, estas acciones aparentemente sencillas son muy difíciles de dominar. Además, pueden ser muy importantes para el bienestar del niño y la base de ciertas relaciones sociales. Para algunos niños, incluso pueden ser un factor de autonomía (coger la bici o el patinete para ir solos a casa de un amigo o al colegio).

Cuando hay dificultades sensoriales, estas actividades pueden convertirse rápidamente en anárquicas, difíciles e incluso peligrosas. En caso de duda, consulta a tu médico o a un profesional de la puericultura para que te asesore. Aquí he elegido hablar de la bicicleta, la carrera y las actividades en el patio de recreo.

Montar en bici

Esta actividad focaliza muchas expectativas y por tanto presión tanto en el niño como en ti. En primer lugar, es importante recordar que no existe una edad específica para aprender y dominar la bicicleta (de dos ruedas). En segundo lugar, es una actividad muy compleja. Hay que gestionar el pedaleo, la fuerza del pedal, el equilibrio, la manipulación del manillar, la frenada y los estímulos del entorno. Esta ocupación implica todos los canales sensoriales.

Comportamientos observables según el perfil del niño

HIPERREACTIVIDAD	HIPORREACTIVIDAD
Parece muy rígido en la bici	No parece ser consciente del peligro.
No es capaz de girar la cabeza ni observar el entorno.	Se cae fácilmente, pero quiere volver a intentarlo.
Es presa del pánico si se le quitan los ruedines.	No inicia el movimiento de pedaleo.
Sujeta el manillar con la punta de los dedos.	Presiona los frenos con demasiada fuerza o de manera insuficiente.
Se asusta cuando se usa el timbre o si pasa un coche.	Tiene dificultades para encontrar el equilibrio.
Se cae fácilmente.	No circula en línea recta.
No puede pedalear para mantener el equilibrio y se cae fácilmente.	No oye los ruidos de su alrededor.
No quiere montar en bicicleta.	

Consejos para la hiperreactividad

Las palabras clave aquí son no forzar a tu hijo. Empieza usando un triciclo o una bicicleta con ruedines. Tu hijo debe sentirse seguro.

- Empieza en un lugar tranquilo y sin distracciones.

- Recorred pequeñas distancias.

- Acompaña la acción de pedalear empujando a tu hijo.

- Si le quitas los ruedines, se aplica lo mismo: escucha a tu hijo y ve poco a poco.

- Compra la bicicleta con tu hijo, podría ser una buena motivación.

- Una solución intermedia sería utilizar una barra de remolque para que tu hijo sólo tenga que pedalear.

Consejos para la hiporreactividad

Si tu hijo tiene este perfil, lo mejor es utilizar una bici sin pedales. Gracias a este tipo de bicicleta el niño puede experimentar con el equilibrio.

♦ Protege a tu hijo con un casco. El uso de muñequeras también podría ser interesante.

♦ Comprueba que tu hijo gestione correctamente su frenada. Practica con él pequeños ejercicios en distancias muy cortas.

♦ Entrena a tu hijo para que reaccione a los ruidos y a lo que ve a su alrededor.

Correr y saltar

Esta parte engloba todas las acciones adquiridas por la mayoría (que han requerido aprendizaje): gatear, salto de altura, salto de longitud, correr, etc. Un niño pasa buena parte de su tiempo realizando estas actividades. Aquí la diferencia entre los dos perfiles puede ser algo más sutil.

Comportamientos observables según el perfil del niño

HIPERREACTIVIDAD	HIPORREACTIVIDAD
Puede presentar «vértigos» con caídas frecuentes.	Puede gustarle moverse mucho, saltar, correr o, ser muy sedentario.
Es muy miedoso, no se atreve a actuar, apenas se mueve.	Presenta una resistencia bastante baja.
Grita o llora si se insiste.	No organiza bien sus movimientos, puede caerse fácilmente.
Puede presentar un estado de «aturdimiento» al realizar la actividad.	No puede reproducir los movimientos por imitación.

Consejos para la hiperreactividad

Tu hijo presentará una actitud más bien evitativa. Si está motivado, hará algunos intentos, pero llegará a su límite muy rápidamente.

♦ Tranquilízale y quítale importancia.

♦ Espera hasta que esté preparado.

♦ Procura empezar con recorridos cortos, evitando al principio los movimientos giratorios (giros, vueltas sobre sí mismo).

♦ Asegúrate de realizar las acciones a un ritmo lento.

♦ Asegúrate de realizar las actividades en superficies neutras (colchonetas de gimnasio).

Consejos para la hiporreactividad

Si a tu hijo le encanta moverse, tu trabajo se basa en canalizar este deseo en una actividad constructiva. Si, por el contrario, es más bien sedentario, tendrás que encontrar estímulos sensoriales que puedan activar su estado de alerta (tu terapeuta ocupacional puede ayudarte).

♦ Asegura el entorno para evitar lesiones.

♦ Déjale que experimente. Si los movimientos son demasiado repetitivos, ayúdale a organizarse con una breve planificación.

♦ En función de la edad de tu hijo, el uso de pequeñas pulseras con peso en las muñecas y los tobillos puede ayudarle a organizar mejor sus movimientos.

Parques infantiles

Se trata de un tema algo más específico, pero sumamente solicitado en consulta. Los parques son los lugares donde el niño dará tienda suelta a la experimentación, probará cosas, volverá a probar y aprenderá a conocer sus límites. Para los padres de un niño con dificultades sensoriales, esta actividad puede convertirse rápidamente en un quebradero de cabeza y en objeto de numerosas dudas.

Comportamientos observables según el perfil del niño

HIPERREACTIVIDAD	HIPORREACTIVIDAD
No quiere ir a ese lugar.	No parece tener miedo, no es consciente del peligro.
Expresa miedo, llora, grita y tiene rabietas.	Salta y corre sin rumbo alguno.
Se aferra firmemente a los juegos y es propenso a los mareos.	No organiza adecuadamente sus movimientos para gatear, trepar y escalar.
Evita los juegos que impliquen demasiado movimiento.	Se cae fácilmente, pero se levanta rápido.
Evita tocar superficies desconocidas.	No parece ser sensible al dolor.
Se tapa los oídos cuando hay ruido.	Puede repetir varias veces los mismos movimientos sin parar.
Reacciona de forma exagerada en caso de lesiones.	

Consejos para la hiperreactividad

Conversa con tu hijo hasta saber las razones de sus miedos. ¿Quizás tenga que ver con estar rodeado de otros niños, por ejemplo?

- La primera vez, acompaña a tu hijo al parque y motívale para que observe lo que sucede allí. Dale tiempo para que se haga una idea de la zona y respóndele a las preguntas que pueda tener.

- Decidid juntos cuándo vais a ir allí.

- Opta por los parques infantiles para edad preescolar al principio.

Consejos para la hiporreactividad

Si tu hijo tiene este perfil, lo más importante será protegerle. No se trata de impedirle jugar, sino de hacerle consciente del posible peligro.

- Asegúrate de que el parque no plantea ningún riesgo significativo.

- Pasea por el parque y enséñale a tu hijo dónde debe prestar más atención.

- Considera el uso de un casco como posible opción.

- Realiza descansos regulares.

LA ESCOBA MÁGICA

El objetivo de esta actividad es controlar la pelota y fomentar la manipulación de un instrumento. Requiere coordinación, gestión de la fuerza y anticipación.

3-6 años

 MATERIAL

- Una escoba
- Una pelota de fútbol de plástico
- 4 sillas
- Un cubo
- Un cronómetro

ACTIVIDADES DE OCIO

 1

Pídele a tu hijo que ponga la pelota en la línea de salida.

 2

Explícale que con la ayuda de la escoba tendrá que empujar la pelota a lo largo del recorrido. Debe pasar por debajo de cada silla y luego empujar la pelota hasta el cubo.

 3

Se cronometrará a cada jugador, ¡el que tarde menos tiempo gana!

PREPARACIÓN DE LA ACTIVIDAD

- Dispón las sillas en zigzag para formar un recorrido.
- Coloca el cubo después de las sillas en horizontal.
- Haz una marca al principio del recorrido (puedes usar cinta adhesiva de color, por ejemplo).

CONSEJO

Aquí he propuesto unas bases para que realices esta actividad, pero permite muchos cambios. Por ejemplo, puedes poner más sillas, espaciarlas, jugar con una pelota más pequeña, ¡más grande o incluso más pesada.

EL JUEGO DEL ESPEJO

La siguiente actividad consiste en inventar e imitar posturas corporales frente a un espejo. Es una actividad muy sencilla de realizar, pero muy exigente a nivel propioceptivo.

6-9 años

MATERIAL

♦ Un gran espejo alto

♦ Un atuendo en el que todos se sienten cómodos

PREPARACIÓN DE LA ACTIVIDAD

♦ Ponte al lado de tu hijo frente al espejo.

♦ Explícale que te vas a colocar en una posición y que él va a tener que imitarte sólo mirando al espejo.

♦ ¡Permite varios jugadores!

CONSEJO

Para que la actividad sea más divertida, ¡disfrázate! No hay nada mejor que imitar las posturas de sus héroes favoritos.

 1

Cuando todos estéis listos, puedes empezar.

Al principio, adopta una postura sencilla. Mueve sólo una extremidad a la vez.

Por ejemplo, empieza levantando el brazo derecho en el aire.

 2

Espera a que tu hijo te imite.

Dale tiempo. Si se equivoca, señala que se ha equivocado, pero no le corrijas. Tiene que encontrar la solución por sí mismo. Cuando lo haya hecho bien, pasa a otras posiciones.

Si tu hijo consigue imitar las posturas sencillas, no dudes en hacerlas más complejas combinando las partes superiores e inferiores del cuerpo y variando los ángulos de articulación.

 3

Cada participante debe completar 5 posturas antes de pasar al siguiente jugador.

ACTIVIDADES DE OCIO

EL CONSTRUCTOR

La siguiente actividad consiste en hacer construcciones con tu hijo utilizando piezas previamente diseñadas.

3-6
años

LES ACTIVITÉS DE LOISIRS

MATERIAL
por persona

- 2 rollos de cartón (tipo papel de cocina)
- 3 esponjas lavavajillas
- Pintura de dedos del color que elijas
- Unas tijeras

PREPARACIÓN DE LA ACTIVIDAD

- Siéntate a la mesa o en el suelo con tu hijo.
- Sugiérele que pinte los rollos de cartón y las esponjas con la pintura de dedos.
- Deja que tu hijo mezcle los colores.
- Deja secar las diferentes creaciones.
- Con las tijeras, recorta círculos de los rollos.
- Recorta 2 triángulos de las esponjas (1 triángulo por esponja) y 4 rectángulos en la tercera esponja (a lo largo).

Explícale a tu hijo que vais a hacer construcciones con las esponjas y las piezas de cartón.

Por ejemplo, puedes construir una casa.

Deja que tu hijo se tome su tiempo para observar.

2

Vuelve a poner las piezas delante de él.

Pídele que vuelva a reproducir la estructura.

Si esto es difícil para tu hijo, puedes ayudarle guiándole físicamente.

3

Diviértete, deja que tu hijo use su imaginación para hacer construcciones diversas y variadas.

CONSEJOS Y TRUCOS

♦ Si tu hijo es mayor, puede rebozar las piezas recién pintadas en diferentes materiales como harina, arroz o sémola.

♦ Puedes aumentar el número de piezas para hacer creaciones más complejas.

EL CABALLERO

La siguiente actividad consiste en fabricar una espada de cartón que permitirá a tu hijo explotar todas las pompas de jabón que se acerquen a él.

3-6 años

MATERIAL

- 1 trozo de cartón de 20 x 80 cm como mínimo
- Un lápiz
- Unas tijeras
- Rotuladores
- Un tubo de pompas de jabón

ACTIVIDADES DE OCIO

PREPARACIÓN DE LA ACTIVIDAD

- Con el lápiz, dibuja el contorno de una espada en el cartón.
- Recorta la espada con las tijeras o un cúter. Este paso lo puede hacer tu hijo si tiene la edad suficiente para ello.
- Decora la espada con los rotuladores.

Explícale a tu hijo que hoy es un caballero y que su misión es hacer estallar el mayor número posible de pompas de jabón malignas.

Asegúrate de tener mucho espacio a tu alrededor. Dale la espada a tu hijo.

Coge el tubo de pompas de jabón y sopla tantas burbujas como puedas hacia tu hijo.

¡Pídele explote todas las burbujas posibles con su espada!

Para limitar la actividad, puedes establecer un número de burbujas a explotar o un límite de tiempo.

Cambio de papeles. Ahora, ¿quién es el mejor caballero?

CONSEJOS Y TRUCOS

♦ Para que la espada sea lo suficientemente rígida, utiliza un cartón bastante grueso.

♦ En cuanto a las pompas de jabón, asegúrate de soplarlas sobre tu hijo, evitando la cara.

♦ Si tu hijo se siente cómodo, ¡puedes añadir obstáculos en el área de juego!

ACTIVIDADES DE OCIO

PESCA CON LA BOCA

Esta actividad consiste en coger una manzana con la boca. Pero, cuidado, ¡la manzana está en el agua! ¡Es una actividad para aprender en el medio sensorial!

 6-9 ~años

ACTIVIDADES DE OCIO

MATERIAL

- Un barreño

- Una docena de manzanas (asegúrate de que sean pequeñas si tu hijo es menor de 8 años)

- Una toalla

- Un cronómetro

❶

Cada equipo o jugador debe atrapar el mayor número posible de manzanas en 30 segundos.

❷

Explícale a tu hijo que sólo puede usar la boca. ¡Las manos deben permanecer detrás de la espalda!

❸

Al final, haz el recuento y comeos juntos las manzanas.

PREPARACIÓN DE LA ACTIVIDAD

- Llena el barreño de agua.

- Coloca las manzanas en el agua.

CONSEJOS Y TRUCOS

- Esta actividad es perfecta para niños hiporreactivos, y bastante fácil para niños hiperreactivos.

- Asegúrate siempre de que tu hijo no trague agua.

- Ten siempre a mano una toalla para que tu hijo se seque la cara.

Actividad 22

LOS COLORES LOCOS

La siguiente actividad consiste en hacer una carrera de velocidad con tu hijo. El objetivo es ser el más rápido en recoger los objetos. Sin embargo, ¡algunas reglas harán que esta actividad sea original!

 3-6 años

 **MATERIAL** *por persona*

- ◆ 4 objetos del mismo color
- ◆ Un aro

PREPARACIÓN DE LA ACTIVIDAD

- ◆ Coloca al azar en el exterior, en el jardín, los diferentes objetos.

- ◆ Coloca los aros en los extremos del área de juego.

- ◆ Cada jugador debe elegir un color. Explícale bien las normas a tu hijo antes de empezar la actividad.

 ❶

En cada ronda, los jugadores tienen que recoger un objeto de su color lo más rápido posible. Atención: sólo se puede coger un objeto a la vez.

Cuando lo cojas, debes ponerlo dentro del aro.

 ❷

En la primera ronda tienes que ir corriendo a recoger el objeto.

En la segunda ronda, tienes que ir a buscar el objeto a la pata coja.

En la tercera ronda, tienes que ir con el otro pie a la pata coja para conseguir el objeto.

En la última ronda, tienes que recoger el objeto saltando con ambos pies.

 ❸

¡El primero que lo recoja todo, gana!

ACTIVIDADES DE OCIO

DIBUJO DE ARENA

La siguiente actividad consiste en realizar un dibujo en relieve con arena. El objetivo es que tu hijo aprenda sobre este material a través de una actividad dirigida.

 3-6 años

MATERIAL

- Una hoja de papel por dibujo (aconsejable papel bastante grueso, 100 g mínimo)
- Una hoja de cartón de 40 x 60 cm mínimo
- Un lápiz
- Una barra de pegamento
- Una bandeja de plástico
- Arena
- Laca para el pelo

PREPARACIÓN DE LA ACTIVIDAD

- Pídele a tu hijo que haga el dibujo que él quiera en la hoja de papel.
- Si es demasiado pequeño, ayúdale con el dibujo.

ACTIVIDADES DE OCIO

1

Explícale a tu hijo que tiene que repasar las líneas de su dibujo con el tubo de pegamento.

Asegúrate de que todas las líneas estén cubiertas de pegamento.

2

Pídele que esparza arena con las manos sobre su dibujo. Deja que coja y manipule la cantidad de arena que él quiera.

3

Explícale que después tiene que darle la vuelta al dibujo sobre la bandeja de plástico, para quitar el exceso de arena. Puede usar sus manos.

4

Por último, rocía la hoja con laca.

Déjalo secar. ¡Admira sus creaciones!

CONSEJOS Y TRUCOS

♦ Puedes utilizar arena de colores para que la actividad sea aún más divertida. En este caso, tendrás que repetir todos los pasos con cada color.

♦ Lo interesante aquí es usar las manos para tocar y manipular, y no una herramienta. Para algunos niños, el esfuerzo está en tocar y, para otros, en dosificar el gesto.

ACTIVIDADES DE OCIO

EL HUEVO QUE CRECE

La siguiente actividad consiste en manipular la tierra para hacer su primera plantación en un huevo. Una forma original de estimular la curiosidad de tu hijo.

 3-6 años

MATERIAL

- Un cartón de 6 huevos
- Un cuchillo
- Semillas a tu elección
- Tierra para macetas
- Agua
- Un cuenco
- Un recipiente para la tierra (bandeja de plástico, cuenco)
- Fieltro fino
- Una chincheta

PREPARACIÓN DE LA ACTIVIDAD

- Rompe con cuidado la parte superior de los huevos.
- Vacía los huevos en el cuenco (¡puedes utilizar los huevos para una receta!).
- Haz un corte limpio en la cáscara de los huevos, retirando aproximadamente un tercio.
- Pincha la chincheta en la parte inferior de la cáscara para crear un punto de drenaje.
- Enjuaga las cáscaras.
- Vuelve a poner las cáscaras en su cartón.

Pídele a tu hijo que eche un poco de la tierra para macetas en el recipiente.

Tu hijo debe añadir agua y mezclarlo con sus manos.

Indícale que llene con esa mezcla las cáscaras de huevo a dos tercios aproximadamente.

Explícale que debe poner una semilla en cada huevo.

Pídele que cubra las semillas con más tierra.

Juntos, regad los huevos para que estén húmedos.

Si es posible, tu hijo debe escribir el nombre de la semilla en el huevo con un rotulador.

Deja los huevos al sol y riégalos regularmente. ¡Es magia, crece!

CONSEJO

Los niños son muy sensibles al resultado de su trabajo, así que comprueba regularmente si las semillas han germinado y crecido. Luego, podéis trasplantar juntos las cáscaras de huevo directamente a la tierra.

ACTIVIDADES DE OCIO

MEMORIA DE TEXTURAS

Se trata de un simple juego de adivinanzas. El objetivo es que tu hijo explore diferentes materiales con tranquilidad. La actividad consiste en crear un juego de memoria con globos sensoriales (globos con materiales dentro).

6-9 años

MATERIAL

- 10 globos

- 10 tazas o vasos

- Diferentes texturas: arena, agua, hierba, piedrecitas, tierra, hojas secas, aire, cuentas, arroz, pasta

PREPARACIÓN DE LA ACTIVIDAD

- Introduce un material en cada globo y átalo.

- Pon un poco del mismo material en cada taza.

- Coloca los globos y los vasos al azar en la mesa frente a tu hijo.

ACTIVIDADES DE OCIO

Pídele a tu hijo que elija un globo y lo toque. Dale tiempo para que explore el globo con las manos, ya que puede resultarle difícil al principio.

❷

Pídele que encuentre el vaso con el mismo material que el del globo.

Puede limitarse a mirar el contenido del vaso o a tocar el material.

❸

Si no encuentra la pareja, es el turno del siguiente jugador. ¡El jugador que encuentre más parejas gana!

❹

Puedes repetir el juego tocando los globos con las plantas de los pies en lugar de con las manos.

CONSEJO

Multiplica los materiales en este tipo de juegos y sobre todo dale tiempo a tu hijo. Al principio, es posible que se niegue a tocar o que lo haga con la punta de los dedos. No importa, ofréceselo de nuevo y utiliza el juego como motivación. Aumentando el número de experiencias sensoriales táctiles, ayudarás a tu hijo a comprender mejor su entorno, como la arena de la playa.

ACTIVIDADES DE OCIO

TABLA DE EQUILIBRIO

El objetivo de esta actividad es trabajar el concepto de equilibrio a través de un reto divertido.

6–9 años

MATERIAL

- Una tabla de madera de aproximadamente 60 x 30 cm. No hay un tamaño estándar: cuanto más larga sea tu tabla, más fácil será de equilibrar

- Un tubo de PVC o un palo de madera de 4 cm de diámetro, cuya longitud sea igual al ancho de la tabla

- Un cronómetro

- Témperas o pintura acrílica

- Pinceles

PREPARACIÓN DE LA ACTIVIDAD

- Proponle a tu hijo que decore la tabla de madera con la pintura. Deja que use su imaginación para hacerla suya.

- Realiza la actividad al aire libre o en un lugar seguro (tu hijo no debe correr el riesgo de tropezarse con objetos).

ACTIVIDADES DE OCIO

1

Coloca el tubo o el palo en el suelo. Coloca la tabla encima, de manera que el tubo quede en el centro de la tabla.

Súbete a la tabla y encuentra tu punto de equilibrio. La tabla ya no debe tocar el suelo.

2

Cuando lo hayas logrado, pídele a tu hijo que haga lo mismo.

Dale tu apoyo y ayúdale a encontrar su punto de equilibrio.

Dile que mire al frente y que evite mirarse los pies. Es posible que necesite varios intentos.

3

Cuando ya hayáis probado la tabla todos los jugadores, empezad a jugar.

Pon en marcha el cronómetro: ¡el jugador que mantenga el equilibrio durante más tiempo gana!

TRUCOS

◆ Puedes utilizar la tabla para jugar a la pelota, por ejemplo: ¡haz 2 tablas y pasaros la pelota!

◆ Si resulta demasiado difícil, no dudes en acortar el diámetro del tubo y aumentar el tamaño de la tabla. Haz lo contrario para aumentar la dificultad.

ACTIVIDADES DE OCIO

¡GENIAL!

TIRAR DE LA CUERDA

Se trata de una actividad inspirada en un conocido juego que permite aprender habilidades sensoriales y motrices. Atención, ¡la diversión está asegurada!

3-6 años

MATERIAL

- Una cuerda (mínimo 5 m, más larga si hay muchos jugadores)
- Harina
- Cinta adhesiva de color

1

Cada equipo se coloca a un lado de la línea y agarra el extremo de la cuerda, asegurándose de que el centro está sobre la línea.

2

Haz una cuenta atrás. En el extremo, cada equipo debe tirar lo más fuerte posible, coordinándose con su compañero de equipo.

3

El primer equipo que pase la línea ha perdido.

PREPARACIÓN DE LA ACTIVIDAD

- La actividad debe realizarse al aire libre. Lo ideal es que se juegue con 4 jugadores, equilibrando los 2 equipos.
- Pega un trozo de cinta adhesiva en el centro de la cuerda.
- En el exterior, dibuja una línea recta en el suelo con la harina.

CONSEJOS Y TRUCOS

- Esta actividad puede ser muy compleja para tu hijo, ya que tiene que gestionar su fuerza, su coordinación y adaptarse a su compañero de equipo.
- Ayuda a tu hijo guiándolo verbalmente y pidiéndole que te explique cómo debe realizar la tarea.
- Para los niños hiperreactivos, el uso de guantes puede ser una buena solución.

ACTIVIDADES DE OCIO

CAMINAR COMO LOS ANIMALES

Esta actividad consiste en realizar un juego de imitación que exigirá a tu hijo imaginación, coordinación motriz y rapidez. Cada uno de los jugadores se turnará para imitar la forma de caminar de un animal.

 6-9 años

MATERIAL

- Una hoja de papel A4
- Un bolígrafo
- Unas tijeras
- Una caja (por ejemplo, una caja de pañuelos vacía)

CONSEJOS Y TRUCOS

- Al principio, céntrate en animales conocidos.
- Guía a tu hijo si está un poco perdido, indícale verbalmente cómo proceder.
- Y, sobre todo, entra en el juego, muéstrale a tu hijo que no hay de qué avergonzarse al hacerlo.

 1

Recorta 5 etiquetas por jugador de la hoja A4 con las tijeras.

Cada jugador debe escribir el nombre de un animal en cada etiqueta, 5 animales cada uno.

 2

Coloca todas las etiquetas dentro de la caja. Elige por turnos una etiqueta y lee el nombre del animal que aparece en ella.

Ahora tienes que imitar la llamada del animal y, sobre todo, su forma de caminar.

Insiste en que tu hijo imite los gestos, la postura y el ritmo de la marcha.

 3

Continúa imitando hasta que sea el turno de tu hijo.

El juego termina cuando no hay más etiquetas.

ACTIVIDADES DE OCIO

ACTIVIDADES ESCOLARES

La escuela es un lugar que genera grandes expectativas, tanto por parte de las familias como de la sociedad. La escolarización de los niños está llena de actividades diversas y variadas que suelen ser muy exigentes en cuanto a las habilidades motoras, cognitivas, sensoriomotrices y sociales. El sistema escolar generalmente está constituido de manera que cada alumno pueda encontrar su lugar y desarrollarse, sea cual sea su nivel social o cultural o las dificultades que pueda tener (patologías, dificultades de aprendizaje, etc.). Sin embargo, a menudo nos encontramos con que el niño tiene que realizar un gran esfuerzo de adaptación para encajar y tener éxito en la escuela. Si este trabajo es perfectamente posible para un niño sin dificultades concretas, puede resultar difícil para un niño con particularidades.

¿Cómo se gestiona esto en la escuela?

En Francia, desde la ley del 11 de febrero de 2005, los alumnos con trastornos o discapacidades pueden beneficiarse de un plan de apoyo específico e integrarse más fácilmente en un plan de estudios estándar. Sin embargo, aún se desconocen algunas dificultades, sobre todo en cuanto a los trastornos sensoriales. En efecto, el desconocimiento del funcionamiento sensorial del niño lleva a muchas confusiones y divagaciones. El profesor no siempre cuenta con los conocimientos o la formación necesarios para acompañar y comprender este tipo de trastornos. ¿Cómo interpretar el comportamiento de un niño que parece llorar por nada? ¿O que se mueve constantemente? ¿O que se cae todo el tiempo o parece estar dormido todo el rato?

Escuela y sensorialidad

La escuela es un lugar repleto de información sensorial que tu hijo debe procesar. El comienzo del primer año de guardería suele ser un momento delicado para el niño, ya que tiene que acostumbrarse a este nuevo entorno y adaptarse a sus particularidades sensoriales. Este fenómeno puede repetirse durante los diferentes cambios de nivel.

Si tu hijo tiene dificultades sensoriales, es posible que no pueda acostumbrarse al nuevo entorno y lo demuestre con su comportamiento.

En el aula o en el recreo, las múltiples entradas sensoriales pueden interferir rápidamente en tu hijo. Esto puede ser desde un simple cansancio al final del día hasta una verdadera incapacidad para seguir la lección en condiciones óptimas.

Atención: cuando un niño presenta un comportamiento excesivo (llanto, gritos, gestos, etc.), es más fácil de detectar que un niño cuyo comportamiento sea un poco «apático» (no participa, es miedoso, se mantiene aislado de los demás, etc.), ya que puede pasar desapercibido a pesar de presentar dificultades sensoriales.

Para ayudarte a identificar más fácilmente el comportamiento de tu hijo, te sugiero que explores más específicamente ciertas acciones que se ven afectadas por las dificultades sensoriales: la atención en clase, las actividades de manualidades, así como el comportamiento en el recreo. También se incluirán algunas actividades para realizar con tu hijo.

LA ATENCIÓN EN CLASE

Mantener la concentración, la atención y la escucha son cualidades esenciales para una buena escolarización. El niño debe ser capaz de centrar su atención en lo que dice el profesor, en el contenido de una clase o en la formulación de respuestas. Lo que nos puede parecer natural a los adultos es en realidad un mecanismo muy complejo que el niño pequeño pone en marcha a nivel sensorial. Tiene que recibir y modular la información sensorial que percibe de su entorno, ordenarla y procesarla para poder interactuar con ella de forma adecuada. Todo esto se puede aprender y tu hijo lo va a practicar a diario.

El niño utilizará varios sistemas. El más usado es el sistema de habituación. Tu hijo debe ser capaz de inhibir los estímulos del entorno para mantenerse atento. Como adulto, utilizas este mecanismo muy a menudo. Por ejemplo, si al principio de una reunión el ruido del aire acondicionado o de un videoproyector te parece molesto, se desvanecerá rápidamente hasta convertirse en un ruido de fondo para que puedas prestar atención.

También podemos citar el fenómeno de la inhibición. En clase, tu hijo debe gestionar el control de sus reacciones y para ello tendrá que inhibir o «prohibirse» a sí mismo ciertas conductas que pueden generar los estímulos de su entorno. ¿Un impulso de levantarse o moverse? ¿Necesidad de tocar, manipular o masticar? Tu hijo tendrá que controlar estos comportamientos, porque podrían causar dificultades de atención que no se adaptan a lo que se espera en un entorno escolar.

Por último, está lo que podríamos llamar el fenómeno de la activación. Para que tu hijo perciba correctamente el estímulo ambiental y reaccione ante éste, debe ser lo suficientemente intenso como para alcanzar su umbral de alerta.

Si la voz del profesor no es lo suficientemente alta, los colores no son lo suficientemente brillantes, y las frases no están lo suficientemente enfatizadas, para un niño puede ser difícil prestar atención. Fíjate en la forma en la que los profesores se dirigen a los alumnos, resaltando los conceptos importantes al cambiar la entonación de su voz. Todo esto incide en la forma en la que tu hijo asimila la información y centra su atención.

Estos diferentes sistemas funcionan conjuntamente. Por lo tanto, está claro que en el contexto de las dificultades sensoriales, tu hijo mostrará comportamientos inadaptados que necesariamente repercuten en su atención. La consulta con un terapeuta ocupacional formado en integración sensorial es fundamental. De hecho, las dificultades atencionales pueden tener múltiples orígenes y es necesario determinar la causa antes de iniciar cualquier apoyo.

En esta sección, hablaré de 3 actividades que tu hijo encuentra a diario en clase. Veremos los comportamientos que puede presentar, así como **consejos para ayudarle. A continuación, encontrarás algunas actividades para estimular los componentes sensoriales de tu hijo adaptadas a los perfiles hiperreactivo e hiporreactivo.**

Escuchar

En el aula, gran parte de los conocimientos se transmiten de manera oral. La interacción y el intercambio con otros alumnos es esencial para la comprensión, la memorización y el desarrollo de la capacidad de pensamiento crítico. Para ello, hay que ser capaz de prestar atención con el fin de seguir el ritmo. Si tu hijo tiene dificultades sensoriales, esta fase de escucha puede convertirse rápidamente en algo problemático y muy difícil para él.

Comportamientos observables según el perfil del niño

HIPERREACTIVIDAD	HIPORREACTIVIDAD
Se siente atraído por todo lo que le rodea: un ruido, una luz, un movimiento...	Con frecuencia está «en la luna».
Se mueve mucho en su silla.	Necesita ser reorientado regularmente.
Interrumpe el discurso del profesor.	Cambia de postura a menudo.
Parece tenso, hipertónico.	Adopta posturas inadecuadas.
Rápidamente pierde el hilo cuando hay cambios.	Está muy cansado.
No espera su turno para hablar o, por el contrario, no quiere participar.	No participa.
	Se le describe como un estudiante reservado.

Consejos para la hiperreactividad

Diferenciar entre híper e hiporreactividad en el contexto de las dificultades atencionales es con frecuencia muy difícil. Ante esta situación, es indispensable la ayuda de un profesional.

La primera acción será actuar sobre el entorno para que sea menos estimulante.

♦ Evita que tu hijo se siente cerca de las ventanas y entradas de la clase y opta por la 1.ª o 2.ª fila. En cuanto al material escolar, elige materiales poco ruidosos (evita los objetos metálicos).

♦ Si es posible, pruébalo con tu hijo antes de que lo utilice en clase.

♦ Si las clases son demasiado largas, deberán proporcionar tiempos de descanso para que tu hijo pueda cambiar de ambiente, aunque sea unos minutos. Puede ser, por ejemplo, ir al baño o dar una vuelta al patio. Debes acordar con la escuela este tipo de recomendaciones.

♦ Establecer una zona de «dieta sensorial» podría ser una solución; puede ser un rincón en el aula o una tienda de campaña con determinados objetos (cojines, objetos pesados, luz, etc.) para que tu hijo pueda recargar las pilas. Esta instalación se realizará con la colaboración de un profesional.

♦ Un paso importante será el conocimiento que tu hijo tenga de sus particularidades. Cuando sepa definir su estado de alerta, podrá pedir descansos más fácilmente o utilizar las estrategias mencionadas anteriormente con buenos resultados.

Consejos para la hiporreactividad

La hiporreactividad se reflejará esencialmente en dos tipos de comportamiento: una actitud sensorial o una actitud muy «desconectada», aletargada. Cabe señalar que un niño que busca la estimulación sensorial se detecta enseguida, ya que su comportamiento es rápidamente invasivo. Por el contrario, el niño «desconectado» pasa desapercibido, ya que no molesta al grupo, sino que suele estar «en la Luna».

Prueba en casa diferentes soluciones para sentarse. Por ejemplo, existen cojines de aire dinámicos para colocar en el asiento de la silla, taburetes inestables o incluso pelotas de gimnasia en las que tu hijo puede sentarse. La ayuda profesional será de gran utilidad para establecer protocolos de uso de estas ayudas técnicas.

Si tu hijo tiende a tocarlo todo, te recomiendo el uso de *fidgets* antiestrés. Se trata de objetos pequeños y discretos para manipular. Pueden instalarse en bolígrafos, adoptar la forma de pequeñas bolas u objetos que se giran y se agitan. En el aula, el profesor puede estar al tanto de las posturas inusuales que tu hijo puede adoptar al sentarse, pero que son necesarias para estimular su capacidad de atención. El profesor será un colaborador muy importante en la estimulación de tu hijo, ya sea apoyando verbalmente ciertos conceptos o simplemente pidiendo ayuda con regularidad.

La producción

Las actividades de escritura y caligrafía también estarán muy presentes en la escolarización de tu hijo. Estas actividades son muy exigentes en cuanto a la atención, ya que tu hijo escribe para registrar o reforzar los conocimientos. La escritura sigue siendo la actividad con más presencia durante la jornada escolar y, sobre todo, la más exigente en términos de atención. Además, los comportamientos mencionados durante las actividades de escucha pueden encontrarse durante las actividades de producción.

Comportamientos observables según el perfil del niño

HIPERREACTIVIDAD	HIPORREACTIVIDAD
Se precipita, no controla sus acciones.	Necesita ayuda para iniciar la actividad, para «ponerse en marcha».
Se centra en sujetar el lápiz o en su gesto caligráfico.	Se mueve mucho, a menudo cambia de postura.
Cambia de postura regularmente.	Adopta una postura que no se corresponde con la actividad.
Escribe lentamente.	Parece que no controla la fuerza de agarre del lápiz.
Se detiene regularmente para mirar a su alrededor.	Se detiene con regularidad.
Parece que se cansa rápidamente.	Presenta una velocidad y una calidad de escritura deficientes.
No es capaz de reproducir o de explicar lo que acaba de escribir.	

Consejos para la hiperreactividad

Si tu hijo presenta un perfil hiperreactivo, puede alterarse rápidamente ante el menor estímulo de su entorno. Se trata de intentar minimizar el impacto.

♦ Ofrécele bolígrafos, lápices o rotuladores de un material neutro para que no le molesten. Prueba distintas herramientas hasta encontrar la más adecuada. No siempre será el material solicitado por el profesor, así que coméntaselo para hacérselo saber.

♦ La colocación en el aula será muy importante, es aconsejable que esté lo más cerca posible del profesor. En casa, cuando haga los deberes, colócalo en un lugar tranquilo y establece descansos regulares.

Consejos para la hiporreactividad

♦ Si tu hijo tiene una faceta de «tocarlo todo», el uso de objetos antiestrés podría ser de nuevo una solución.

♦ Los asientos dinámicos pueden ser muy eficaces en los tiempos de producción. Sin embargo, no deben utilizarse todo el día y hay que considerar la posibilidad ir variando el tipo de ayudas utilizadas.

♦ Los bolígrafos o herramientas con revestimientos texturizados pueden ayudar a tu hijo a mejorar su atención, así como sus gestos. Hay hojas con líneas en relieve para aumentar la estimulación sensorial.

♦ Si tu hijo aún no sabe autorregularse, es primordial la ayuda profesional para establecer y reenfocar la actividad.

ACTIVIDADES ESCOLARES

La evaluación

Los dictados, los exámenes o los deberes supervisados para los niños mayores son momentos en los que se requiere una capacidad de atención eficiente. De lo contrario, será difícil que tu hijo tenga un buen rendimiento, que consiga reproducir todos sus conocimientos y que razone con eficacia.

Comportamientos observables según el perfil del niño

HIPERREACTIVIDAD	HIPORREACTIVIDAD
Se precipita en las respuestas.	Es desorganizado, parece estar «en la Luna».
No aborda todas las cuestiones.	Necesita estímulo.
Rápidamente se deja llevar por su entorno.	No completa la evaluación en el tiempo establecido.
Se mueve mucho en su silla.	Cambia de postura a menudo.
	Carece de organización.

Consejos para la hiperreactividad

Además de los consejos anteriores, a continuación otras adaptaciones específicas para estos tiempos de evaluación.

♦ Si a tu hijo le molestan los ruidos o el movimiento a su alrededor, utiliza ayudas técnicas para aislarlo. Pueden ser orejeras o tapones para la estimulación auditiva, o el uso de un aislante si tu hijo es sensible al movimiento de su alrededor.

♦ Utilizar un temporizador ayudará a tu hijo a gestionar mejor el tiempo.

Consejos para la hiporreactividad

Si tu hijo parece buscar estímulos, tendrá que canalizarlos. Si es más bien «distraído», hay que asegurarse de ofrecerle suficientes estímulos para fomentar su atención.

♦ La postura volverá a desempeñar un papel fundamental para fomentar la atención.

♦ No hay nada mejor que probar las cosas en una situación y no hay que dudar en probar varias soluciones antes de encontrar la que se ajuste a las necesidades de tu hijo.

♦ Sigue siendo preferible el uso de objetos antiestrés.

♦ El diseño de la evaluación puede ser importante, ya que el tamaño de la letra o el color pueden ser muy estimulantes.

♦ La ayuda humana es insustituible y, por tanto, la ayuda del profesor para estimular o reenfocar a tu hijo.

ACTIVIDADES DE MANIPULACIÓN

En el aula, a partir del jardín de infancia, el niño participará en actividades motrices. Tendrá que tocar, montar, recortar, trazar, dibujar o escribir. Todas estas actividades exigen una buena capacidad sensoriomotriz por parte del niño para poder realizarlas adecuadamente. Por supuesto, cada niño evoluciona a su propio ritmo, y mientras algunos se sienten cómodos rápidamente, otros requieren más esfuerzo y entrenamiento. Los objetivos de este aprendizaje son variados, pero el desarrollo de la autonomía es primordial.

En el contexto de las dificultades sensoriales, estas actividades básicas pueden resultar muy difíciles para el niño. Esto puede ir desde un simple retraso en la adquisición hasta la imposibilidad de realizar la actividad solicitada. El problema es que estas actividades son imprescindibles para seguir estudiando. Si no se tienen en cuenta las particularidades sensoriales del niño o si no se proporciona un apoyo específico, esto podría resultar muy problemático.

En efecto, si tu hijo tiene dificultades en estas actividades y esto no se explica por otros trastornos, debemos preguntarnos si existen particularidades sensoriales.

Con demasiada frecuencia, nos centramos en el aspecto psicológico del comportamiento del niño, cuando podría deberse a problemas sensoriales. Para ayudarte, veremos algunas de estas actividades mencionando la escritura, las herramientas escolares y las actividades creativas, aunque por supuesto existen más. Para cada una de ellas, mencionaré los comportamientos que se pueden observar en el niño, así como algunos consejos. Por último, propondré algunas actividades para realizar con tu hijo.

La escritura

La escritura es una actividad esencial en la escolarización. Centraliza muchas expectativas y su función es apoyar el lenguaje. Es el resultado de muchos mecanismos sensoriomotores y cognitivos que el niño pondrá en marcha durante los primeros años de escuela. En presencia de dificultades sensoriales, las habilidades de escritura de tu hijo pueden verse mermadas. Esto puede afectar a la calidad o a la velocidad, a la exigencia motora o cognitiva, así como también al disfrute de la tarea escrita.

Comportamientos observables según el perfil del niño

HIPERREACTIVIDAD	HIPORREACTIVIDAD
Se niega a escribir o dibujar.	No siempre retiene lo que escribe.
Agarra los lápices y los bolígrafos con la punta de los dedos.	No gestiona bien la presión sobre el instrumento de escritura.
No utiliza la segunda mano como mano de apoyo.	No retiene la dirección de las letras.
No le gusta tener tinta en las manos.	Se mueve mucho en su silla.
Parece que se «crispa» con el lápiz.	Se cansa rápidamente.
Adopta posturas que no se adaptan a lo que se espera.	

Consejos para la hiperreactividad

¿A tu hijo no le gusta escribir? ¿La transición a la escritura es sinónimo de estrés o de rabietas? Es posible que tu hijo sea hipersensible a una o más modalidades sensoriales, lo que dará lugar a estos comportamientos. Para ayudarle, puedes aplicar estos consejos. Debes tener en cuenta que se trata de consejos generales y que hay que personalizarlos en cada caso.

♦ Tranquilízale y anímale. Ya está realizando grandes esfuerzos para hacer su trabajo.

♦ Prueba varios lápices y rotuladores. A menudo se prefieren las texturas suaves y los bolígrafos que ofrecen un buen deslizamiento con poca resistencia.

♦ Asegúrate de que tu hijo esté cómodo. Debe sentirse seguro.

Consejos para la hiporreactividad

En este perfil, con frecuencia se observan dificultades de retención de la caligrafía y numerosos ajustes posturales. En este caso, intentaremos proporcionarle a tu hijo más estímulos.

♦ Ofrécele herramientas de escritura con superficies texturizadas. Pueden tener relieves, por ejemplo.

♦ En el mercado encontrarás rotuladores y bolígrafos retráctiles, que sirven para que tu hijo se haga una idea de la fuerza que ejerce sobre el instrumento de escritura.

♦ También se puede considerar el uso de un bolígrafo con peso.

♦ Hay papeles texturizados con relieve. El objetivo es guiar el gesto gráfico de tu hijo.

◆ Por último, la colocación es esencial. Debes garantizar la seguridad de tu hijo y ofrecerle suficientes estímulos que le proporcionen las condiciones adecuadas para la tarea escrita.

Herramientas escolares

El uso de las tijeras, la regla, la escuadra o el compás son habilidades que tu hijo irá adquiriendo a medida que vaya ejercitándose y experimentando. Se le exigirá que trabaje con rapidez y, sobre todo, que sea preciso. Las dificultades sensoriales pueden repercutir en el uso correcto de estas herramientas y provocar limitaciones importantes en estas actividades. Los comportamientos observados son bastante similares entre ambos perfiles, sólo alguien bien formado y la visión global podrán determinar las necesidades de tu hijo.

Comportamientos observables según el perfil del niño

HIPERREACTIVIDAD	HIPORREACTIVIDAD
No sujeta bien la herramienta.	Rechaza o se precipita en la actividad.
Presiona el lápiz demasiado o de manera insuficiente.	No se organiza.
Falta de precisión.	No sujeta bien la herramienta.
Se irrita rápidamente.	No gestiona correctamente la fuerza en los gestos.
	Cambia de postura con frecuencia.
	Carece de precisión.

Consejos para la hiperreactividad

◆ La elección de las herramientas es importante. Prueba varias hasta encontrar la que mejor se adapte a tu hijo.

◆ Asegúrate de que está bien colocado, tu hijo debe sentirse seguro.

◆ La presencia de una superficie antideslizante para las herramientas de trazado será una verdadera ventaja.

◆ Anímale en cuanto intente manejar este tipo de herramientas.

◆ Lo importante aquí es tratar de entender qué estímulos incomodan a tu hijo. Si es capaz, pídele que explique cómo se siente y qué le molesta de la actividad. A menudo se necesitará la experiencia y la ayuda de un profesional de la salud.

Consejos para la hiporreactividad

♦ De nuevo, presta especial atención a la colocación. Ésta puede ser dinámica para estimular el estado de alerta de tu hijo.

♦ El uso de herramientas con poco peso o tijeras con un poco de resistencia pueden facilitar el gesto.

♦ No dudes en pedirle a tu hijo que describa verbalmente lo que debe hacer.

♦ Y, por último, aunque le resulte difícil, debe multiplicar experiencias y, por tanto, realizar la actividad con regularidad.

Actividades creativas

En esta última sección, he querido centrarme en las actividades no instrumentales, es decir, aquéllas en las que tu hijo utilizará sus manos en lugar de una herramienta. Son relativamente numerosas y pueden pasar desapercibidas para un adulto debido a que son rutinarias. Sin embargo, pegar, despegar, doblar, manipular la pintura o las pegatinas son actividades que requieren un gran aporte sensorial. Si tu hijo presenta dificultades, pese a todos sus esfuerzos, será difícil que tenga éxito y esté satisfecho con sus producciones.

Comportamientos observables según el perfil del niño

HIPERREACTIVIDAD	HIPORREACTIVIDAD
No soporta tocar el pegamento o la pintura.	Utiliza el dorso de la mano para extender o presionar.
Puede reaccionar de forma exagerada (llorando o gritando).	Disfruta de este tipo de actividades.
Parece estar totalmente absorto en la actividad.	Lo toca todo.
No se siente atraído por este tipo de actividad.	No parece darse cuenta de que está sucio.
Toca con la punta de los dedos.	Tiende a mancharlo todo.
Se lava las manos rápidamente.	No organiza bien sus movimientos.
	Se mueve demasiado durante la actividad.
	Puede llevarse los materiales a la boca.

Consejos para la hiperreactividad

Tranquiliza a tu hijo y no le obligues. Con el tiempo, es probable que consiga tocar y manipular adecuadamente, por lo que el profesor debe conocer las particularidades de tu hijo.

En casa, utiliza los intereses de tu hijo para atraerlo a estas actividades.

♦ No hay nada mejor que reproducir el personaje favorito de tu hijo en pintura o con la ayuda del *collage*. Los héroes infantiles pueden ser increíbles motivadores.

♦ Respeta los límites de tu hijo, no se trata de provocar rabietas cada vez, sino de encontrar el nivel adecuado de exigencia en la actividad.

♦ Durante estas actividades, ten siempre cerca una toalla o toallitas para que tu hijo pueda lavarse las manos rápidamente.

♦ Enséñale a tu hijo a verbalizar cómo se siente y cuándo siente que ya no es capaz de controlar su comportamiento.

Consejos para la hiporreactividad

La principal dificultad será que tu hijo tenderá a tocarlo todo y se desorganizará. En tal caso, hay algunos consejos que puedes aplicar.

♦ Organiza el plan de trabajo de manera que sólo disponga de lo esencial.

♦ Asegúrate de que tu hijo está bien colocado.

♦ Utiliza un espejo si tu hijo se ensucia y no se da cuenta.

♦ Guíale verbalmente y pídele que te explique los pasos para terminarlo.

EL RECREO

En el colegio hay mucho más que hacer que sólo estudiar. También están todas las relaciones sociales que el niño desarrollará. Y qué mejor lugar para entablar relaciones, jugar e interactuar con otros niños que el patio del recreo. A unos les gusta descansar, sentarse a charlar o leer un libro. Para otros, es el momento de desahogarse corriendo o jugando activamente con otros niños. Tu hijo puede preferir estar solo o con sus compañeros. Los niños, e incluso nosotros, los adultos, tenemos distintas formas de gestionar nuestro tiempo de descanso. Esto está en parte relacionado con el fenómeno de la regulación sensorial. Como se ha mencionado en la primera parte, todos gestionamos la información sensorial de nuestro entorno de forma diferente. El recreo es un momento placentero para el niño, y a menudo es esperado y deseado. Sin embargo, en el contexto de las dificultades sensoriales, no es necesariamente algo agradable. Entre los ruidos, el movimiento, la agitación y las multitudes, podría convertirse en un verdadero calvario para un niño hipersensible.

En cambio, este momento puede ser liberador para un niño en búsqueda sensorial, pues le permite desahogarse y moverse cuanto necesita. El riesgo es que toda esta inquietud es desorganizada y limita considerablemente la interacción con otros niños.

En esta sección, hablaremos de varios juegos y actividades con los que tu hijo puede encontrarse durante el recreo. Entre ellos están los juegos de salto, como saltar a la comba; los juegos de pelota, como el fútbol o el baloncesto; y los juegos de habilidad, como las canicas. En cada caso, hablaremos de los comportamientos que se pueden observar en tu hijo, así como de algunos consejos que puedes aplicar según su perfil. Por último, encontrarás las actividades propuestas relacionadas con estos diferentes juegos.

Saltar a la comba

El juego insignia de los patios de recreo, la comba, es todo un clásico que nunca pasa de moda. Esta actividad requiere de una muy buena coordinación, así como de un sistema vestibular y propioceptivo eficaz. Exige la adaptación constante de los movimientos y reaccionar en consecuencia. Si tu hijo tiene dificultades sensoriales, es posible que no realice bien esta actividad.

Comportamientos observables según el perfil del niño

HIPERREACTIVIDAD	HIPORREACTIVIDAD
Tiene miedo a realizar la actividad.	No es eficaz al coordinar sus movimientos.
Tiene miedo a caerse.	No parece ser consciente del peligro.
Evita este tipo de juegos.	Se cae fácilmente, pero quiere volver a intentarlo.
Se enfada rápidamente y se cae con facilidad.	Tiene dificultades para encontrar el equilibrio.
	No coordina bien sus movimientos.

Consejos para la hiperreactividad

Lógicamente, tu hijo evitará este tipo de actividades. No se trata de obligarle a hacerlas, sino de sugerirle que experimente este tipo de actividades practicándolas y afianzarle en sus capacidades.

♦ Empieza a practicar pequeños saltos no demasiado altos y sin cuerda con tu hijo.

♦ Si tu hijo tiene miedo a caerse, coloca cojines y protectores a su alrededor.

♦ Trabaja el movimiento de la cuerda sin saltar.

♦ Si esto resulta demasiado difícil para tu hijo, explícale que puede ofrecerse para manejar las cuerdas (girarlas) sin saltar.

♦ Prueba con otros juegos que requieran una buena coordinación, como la goma elástica o la rayuela.

♦ Transmítele con seguridad que es capaz de hacerlo.

Consejos para la hiporreactividad

Si tu hijo presenta este perfil, los principales riesgos serán las caídas frecuentes, así como la falta de organización. Aunque tu hijo sea constante, podría perder la confianza ante el fracaso.

♦ Juega con él a este tipo de juegos. La repetición le ayudará a desarrollar sus habilidades.

♦ El uso de material con peso puede ayudar a tu hijo a organizar mejor sus movimientos.

♦ Apoya verbalmente los diferentes movimientos y gestos durante la actividad.

Juegos de pelota

¿Qué sería de un patio de recreo sin una pelota? Ya sea para jugar solo, en pareja o en equipo, estos juegos ofrecen una multitud de posibilidades y los niños son muy creativos cuando se trata de divertirse y jugar. No obstante, esta actividad es exigente para tu hijo, sobre todo porque se desarrolla en un entorno muy sensorial. El riesgo para tu hijo es que los demás lo dejen de lado o que él mismo se aísle.

Comportamientos observables según el perfil del niño

HIPERREACTIVIDAD

Evita este tipo de juegos.

No se atreve a tocar la pelota.

Tiene miedo de la pelota.

Tiende a ser más espectador que actor y prefiere mantenerse al margen.

HIPORREACTIVIDAD

Reacciona de forma desproporcionada ante posibles lesiones.

No regula su fuerza al lanzar o chutar.

No consigue recibir la pelota.

Falta de anticipación en los pases.

Se cae regularmente.

Se cansa rápidamente.

Consejos para la hiperreactividad

Si tu hijo no se atreve a participar, lo primero que debes hacer es tranquilizarlo y animarlo. No es necesario que participe en este tipo de actividades durante el recreo. Por otro lado, si le apetece, anímalo a practicar paso a paso.

♦ Tranquilízalo y quítale importancia a la situación.

♦ Espera a que esté preparado para realizar la actividad.

♦ Empieza jugando con él, haciendo pequeños pases sencillos en un entorno conocido.

♦ Lleva a cabo las acciones estableciendo un ritmo.

♦ Anímalo a jugar con otros niños en cuanto se sienta preparado.

♦ Sugiérele que lleve su propia pelota para jugar. De esta manera, elegirá un material con el que sentirse más cómodo.

Consejos para la hiporreactividad

Si tu hijo presenta este perfil, se sentirá más atraído por este tipo de actividades. Sin embargo, la falta de coordinación y gestión de la fuerza podrían limitar sus acciones, las cuales pueden mejorarse con la práctica y los juegos de rol. En casa, practica con tu hijo. Utilizad pelotas de diferentes tamaños y texturas. Intenta variar también su peso.

♦ Asegúrate de indicarle a tu hijo el momento en el que le lanzas la pelota para que pueda anticipar su recepción.

♦ Asegúrate de que tu hijo está bien calzado para este tipo de actividad.

♦ Anímalo, aunque el resultado no esté a la altura de sus esfuerzos, mantenlo motivado.

Juegos de habilidad

Con gran presencia en los patios de recreo, suelen ser juegos más bien individuales o para jugar en pareja. Entre ellos se encuentran las canicas, las tabas e incluso los pogs®. Estos juegos sencillos pero adictivos pueden ser muy exigentes en términos de habilidades motoras y sensoriales. Además, el niño tendrá que competir con otros.

Comportamientos observables según el perfil del niño

HIPERREACTIVIDAD	HIPORREACTIVIDAD
Tiende a estar incómodo al manipular objetos.	**Puede molestarle el ruido o las superficies de juego.**
Es incapaz de adoptar una postura adecuada.	**No gestiona bien la fuerza en sus movimientos y carece de organización.**
	Adopta posturas inesperadas.

Consejos para la hiperreactividad

Si tu hijo rechaza este tipo de juegos o enseguida se siente incómodo, habla con él para saber por qué. La observación es esencial para descubrir el origen de sus dificultades.

♦ Juega con tu hijo a los diferentes juegos que quiera probar. Dale tiempo para que se familiarice con ellos.

♦ Mira si puede encontrar un **lugar tranquilo** en el patio para jugar.

♦ Si esto le resulta difícil, enséñale a pedirle a otra persona que juegue con él.

Consejos para la hiporreactividad

Si tu hijo presenta este perfil, lo más importante será ayudarlo a gestionar su fuerza en el movimiento y mejorar la calidad de su postura.

♦ Ayúdalo a adoptar una postura adecuada.

♦ Puedes, por ejemplo, jugar con él frente a un espejo para que tu hijo pueda autocorregirse.

♦ Al principio, juega con objetos grandes, y luego reduce el tamaño a medida que tu hijo se sienta cómodo.

♦ Utiliza objetos con algo más de textura o peso para ayudar a tu hijo a manejar mejor los diferentes juegos.

LA PELOTA SENSORIAL CASERA

Esta actividad consiste en crear una pelota para manipularla durante las actividades de escucha o producción. Su función puede ser tanto calmante como estimulante.

3-6 años

MATERIAL

- Un globo transparente de látex
- Pegamento líquido
- Agua
- Purpurina (cualquier forma y color)
- Una botella de agua de 30 o 50 cl

PREPARACIÓN DE LA ACTIVIDAD

- Siéntate a la mesa.
- Si quieres preparar varios globos, necesitas tener varios tipos de purpurina.
- Las cantidades de agua y cola deben adaptarse según el tamaño de la pelota que se quiera hacer. Unos 40 cl en total para una pequeña y hasta 1 l para una grande.

1

Pídele a tu hijo que vierta el pegamento y el agua en la botella de agua. Añade la purpurina y luego vuelve a tapar la botella y agita bien para mezclar los productos.

2

Infla ligeramente el globo y pásalo por el cuello de la botella. Vierte el contenido en el globo.

3

A continuación, libera el globo y deja salir el aire hasta que llegue al nivel del agua.

Ata el globo con varios nudos y corta el globo sobrante después del nudo.

CONSEJO

También puedes utilizar slime, glucosa, espuma de afeitar o incluso pasta de dientes. Sólo asegúrate de que la pelota sea sólida.

ACTIVIDADES ESCOLARES

Actividad 30

LOS ENCANTADOS

Esta actividad consiste en hacer un juego en grupo adaptando las reglas del famoso pilla-pilla al que jugabas de niño en el recreo.

3-6 años

MATERIAL

- Espacio, idealmente una zona al aire libre

- Al menos 3 jugadores

CONSEJOS Y TRUCOS

- Ésta es una actividad perfecta para hacer con los amigos o la familia. Cuantos más jugadores, más divertido y ameno será el juego.

- Se pueden variar las reglas, sobre todo para «desencantar» a los otros jugadores.

- Adapta el ritmo del juego a las capacidades de tu hijo y déjale ganar para motivarle.

Lanza una moneda al aire para decidir quién es el brujo. Tendrá que encantar a todos los jugadores para ganar. Cada vez que el brujo toque a un jugador, éste quedará encantado y no podrá moverse, teniendo que mantener la posición en la que se encontraba cuando fue tocado.

Para liberar a un jugador encantado, otro jugador tendrá que pasar entre sus piernas sin ser tocado por el brujo. Tendrás que ser estratégico para ganar la partida y adaptarte a los demás jugadores.

La partida termina cuando todos los jugadores están encantados o cuando el brujo no lo ha conseguido después de 10 minutos.

Cambia de brujo entre rondas y juega todo lo que quieras.

ACTIVIDADES ESCOLARES

EL ASIENTO DINÁMICO

La siguiente actividad consiste en la creación de una ayuda técnica que permita al niño estar en movimiento mientras está sentado de forma adaptada.

3–6 años

MATERIAL

◆ Una cámara de aire estándar

◆ Tijeras

◆ El pupitre de tu hijo, de casa o de la escuela

PREPARACIÓN DE LA ACTIVIDAD

◆ Si la cámara de aire está usada, lávala con agua y jabón.

◆ Corta la cámara de aire a lo ancho en el lugar que deseas para que parezca una cuerda.

ACTIVIDADES ESCOLARES

Pasa la cámara por detrás de la primera pata del pupitre.

Asegúrate de que tiene la misma longitud en cada lado.

Repite el proceso en la escuela, sugiriéndole al profesor que lo coloque en el pupitre de tu hijo.

2

Envuelve la primera pata del pupitre, una vez con un extremo de la cámara y luego con el otro. No dudes en apretar y tensar la cámara de aire.

Mientras tiras de los dos extremos, vuelve a pasarlos alrededor de la segunda pata del pupitre.

CONSEJO

También puedes colocar la cámara de aire alrededor de las patas de una silla, e incluir pequeños objetos debajo del pupitre como, por ejemplo, una pelota con picos o rodillos, para que así tu hijo pueda moverse y estimularse.

3

Una vez apretados, ata los dos extremos en la segunda pata. Haz 2 nudos simples para que esté fuerte. Corta los trozos de la cámara que sobresalgan.

Ahora pruébalo con tu hijo. Explícale que puede agitar o columpiar sus pies en la cámara de aire cuando le apetezca.

EL ESCONDITE DE LOS SONIDOS

La siguiente actividad es un juego del escondite original, ya que en este caso, hay que encontrar el elemento sonoro escondido en la casa. Tu hijo tendrá que concentrarse en un sonido e inhibir otras entradas sensoriales.

3-6 años

MATERIAL

- Un teléfono
- Buen humor
- ¡Cuantos más jugadores mejor!

ACTIVIDADES ESCOLARES

①

¡Suena la alarma del teléfono! La búsqueda ha empezado.

②

Deja que tu hijo busque.
Si está perdido, oriéntalo un poco, pero no le des la respuesta.

③

El primero que lo encuentre gana.

PREPARACIÓN DE LA ACTIVIDAD

- Explícale a tu hijo que va a tener que encontrar el objeto que suena y que estará escondido en algún lugar de la casa.

- Programa la alarma de tu teléfono para que suene 5 minutos después de haberlo escondido (pon un sonido o música agradables).

CONSEJOS Y TRUCOS

- ¡La actividad puede realizarse a gran escala! Esconde el dispositivo en el jardín, por ejemplo.

- También puedes utilizar un temporizador de cocina. Sólo asegúrate de que la alarma suene durante mucho tiempo para que tu hijo tenga tiempo de encontrarla.

ESCRIBIR EN RELIEVE

La siguiente actividad consiste en copiar un cuento que le guste a tu hijo sobre una superficie original, que le permita regular su caligrafía así como la fuerza que ejerce en el gesto de escribir.

3-6 años

MATERIAL

- Un trozo de cartón ondulado, formato A4 mínimo

- Una hoja blanca formato A4

- Un texto o cuento que le guste a tu hijo

- La herramienta habitual de escritura de tu hijo

PREPARACIÓN DE LA ACTIVIDAD

- Siéntate a la mesa y explícale a tu hijo que tendrá que copiar el texto que habéis elegido juntos.

- Debe estar atento para no perforar el papel.

1

Según la edad de tu hijo, dicta el texto o pídele que lo copie.

2

No pongas un límite de tiempo. Si tu hijo perfora el papel, díselo e indícale qué debe hacer para evitarlo.

3

Dale tiempo para que termine el texto y, si es necesario, haz algunas pausas.

Cuando haya terminado, comprueba con él si ha conseguido controlar la presión al escribir.

CONSEJOS Y TRUCOS

- Realiza esta actividad con un texto común y varios jugadores. El que menos veces perfore el papel, gana.

- Prueba diferentes posiciones.

ACTIVIDADES ESCOLARES

SEMÁFORO DE LA ATENCIÓN

La siguiente actividad es para construir una ayuda visual que se puede utilizar en el aula y en casa para que tu hijo pueda comunicar el estado de sus habilidades atencionales.

6-9
años

MATERIAL

- Un trozo de cartón formato A4
- Un lápiz
- Unas tijeras
- Rotuladores o pintura
- Velcro autoadhesivo
- Regla
- Compás

PREPARACIÓN DE LA ACTIVIDAD

- Si tu hijo es capaz de manejar un compás y unas tijeras, puede hacerlo todo él solo. Si no es así, ayúdale.

- Corta la cartulina por la mitad para obtener 2 hojas de tamaño A5.

- En cada parte, dibuja un rectángulo de 14 x 20 cm. Con el compás, dibuja en el interior del rectángulo 3 círculos de 5 cm de diámetro, procurando que estén distribuidos uniformemente en el rectángulo.

- Recorta los círculos dibujados en una parte y coloréalos de rojo, naranja y verde. Fíjalos a la otra parte con el velcro.

- Decora la parte inferior del semáforo como quieras.

El semáforo verde corresponde a un estado funcional para tu hijo: significa puede continuar con la lección, escuchar, etc.

El semáforo amarillo corresponde a un nivel límite: empieza a ser difícil para él manejarlo todo, pero es capaz de hacerlo mediante algunas estrategias (cojín de asiento, fidget, auriculares...).

El semáforo rojo corresponde a un estado de saturación: llegados a este punto, ya no le es posible seguir el ritmo y necesita tomarse un descanso. Puede, por ejemplo, salir del aula, ir al baño, dar una vuelta al patio o aislarse en un rincón sensorial específico.

Tu hijo debe aprender a utilizar el semáforo contigo, pero también con los profesionales que le acompañan.

CONSEJOS Y TRUCOS

♦ Esta herramienta es bastante discreta y facilita que tu hijo comunique su estado a otras personas.

♦ En el aula, es una gran manera de transmitir esta información al profesor. Lo único que tiene que hacer tu hijo es coger el disco que corresponde a su estado actual y el profesor puede reaccionar en consecuencia.

♦ Lo mismo ocurre en casa, durante las actividades escolares o de ocio. Hay que poner en marcha varias estrategias que deben adaptarse a tu hijo con la ayuda de tu terapeuta ocupacional.

LA CASA DEL PAYASO

La siguiente actividad consiste en reproducir formas y sentidos en soportes sensoriales. Sigue un modelo y una progresión. El resultado final será una casita con cara de payaso.

6-9 años

MATERIAL

- ◆ 2 bandejas tipo caja de almacenamiento de aproximadamente 40 x 20 cm, como mínimo

- ◆ 2 materiales a elegir (arroz, pasta, arena, harina, sémola...)

- ◆ Una hoja en blanco por participante

- ◆ Una toalla

- ◆ La plantilla adjunta

- ◆ Pintura de dedos

PREPARACIÓN DE LA ACTIVIDAD

- ◆ Llena las 2 bandejas con 2 o 3 cm de cada uno de los materiales.

- ◆ Recorta la plantilla adjunta, o si lo prefieres cópiala en un tamaño más grande.

- ◆ Coloca las bandejas, la pintura y las hojas de papel sobre la mesa.

- ◆ Siéntate a la mesa o en el suelo, y dale a tu hijo unos minutos para que explore el contenido de las 2 bandejas.

❶

Mirando la plantilla, traza la primera forma con el dedo índice sobre el material de una de las bandejas y luego bórrala. Cada forma tiene un color diferente.

❷

Pídele a tu hijo que copie esa forma. Puedes guiarle verbalmente. Hazlo igual con cada forma.

Cuando se hayan copiado todas las formas, haz lo mismo en la segunda bandeja.

Como se muestra en la plantilla, todas las formas juntas configuran una casita.

❸

Coge la hoja de papel en blanco y pídele a tu hijo que copie la casita usando esta vez las pinturas de dedo.

Por último, ¡deja que la decore a su gusto!

CONSEJO

Tras repetirlo varias veces, puedes sugerirle a tu hijo que utilice una herramienta (un tenedor, una pajita, un palo de madera...) para dibujar y trazar sobre los diferentes materiales.

ACTIVIDADES ESCOLARES

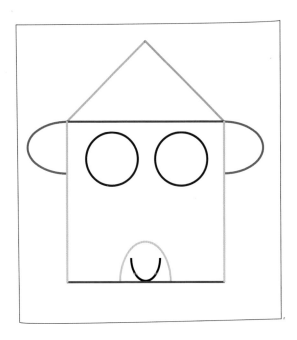

TIJERAS SENSORIALES

La siguiente actividad consiste en utilizar las tijeras para recortar un material original repleto de respuestas sensoriales. Además, las formas resultantes se utilizarán en otras actividades.

3-6 años

MATERIAL

- 6 esponjas vegetales iguales (sin superficie rasposa)

- Las tijeras habituales de tu hijo

- Plantillas de diferentes tamaños y formas

- Un rotulador negro

ACTIVIDADES ESCOLARES

PREPARACIÓN DE LA ACTIVIDAD

- Colócate en la mesa o en el suelo según os apetezca a ti y a tu hijo.

- Dispón todos los materiales sobre la superficie elegida.

 1

Explícale a tu hijo que va a hacer formas en las esponjas. Dependiendo de su edad, puede hacer todos los pasos por sí solo o con tu ayuda.

 2

En 3 esponjas, dibuja las formas utilizando las plantillas.

En las otras 3 esponjas, pídele a tu hijo que dibuje la forma que quiera y que luego recorte siguiendo la línea.

 3

Dale tiempo y, si es necesario, haz algunas pausas.

CONSEJO

Considera el uso de varios pares de tijeras para encontrar las que mejor se adapten a tu hijo.

SALTAR SOBRE UN COLCHÓN

El objetivo de esta actividad es trabajar la noción de salto y vacío, que a veces puede ser difícil de captar para un niño con dificultades sensoriales.

3-6 años

MATERIAL

- Un colchón (el de la cama de tu hijo, por ejemplo)
- Un escalón
- Pegatinas

PREPARACIÓN DE LA ACTIVIDAD

- Coloca el colchón en el suelo de la habitación de tu hijo.
- Asegúrate de que está alejado de la pared y de cualquier mueble u objeto con el que tu hijo podría chocar.
- Invita a sus hermanos y hermanas a participar, si es posible.

1

Explícale a tu hijo que va a realizar un salto de longitud en su habitación. El objetivo será saltar lo más lejos posible sobre el colchón.

Cada jugador saltará por turnos desde el extremo.

2

En la primera ronda, los jugadores saltarán directamente desde el suelo, y en la segunda desde el escalón. Después de cada salto, marca con una pegatina en el colchón hasta dónde ha llegado cada jugador con su salto. ¡El que salte más lejos, gana!

CONSEJO

Asegúrate de que el colchón no resbale en el suelo, y si es así, coloca una alfombra debajo. Pon cojines alrededor del colchón para evitar accidentes. Esto tranquilizará a tu hijo.

ACTIVIDADES ESCOLARES

PINTURA Y MANOS

La siguiente actividad consiste en hacer un dibujo utilizando pinturas de dedos y esponjas. Este juego, de gran riqueza táctil, ayudará a tu hijo a gestionar los estímulos sensoriales.

3-6 años

MATERIAL

- Pintura de dedos
- Un plato o paleta de pintura
- Las esponjas con formas de la actividad 36 p. 120
- Hojas de papel en blanco formato A4 o A3
- Un delantal
- Un cuenco con agua
- Toallas o papel de cocina

PREPARACIÓN DE LA ACTIVIDAD

- Junto con tu hijo, pon la cantidad de pinturas de colores que queráis en la paleta.
- Coloca las esponjas, las hojas de papel y el bol sobre la mesa.
- Asegúrate de tener siempre cerca una toalla o algo con lo que limpiarte las manos.

ACTIVIDADES ESCOLARES

Juntos crearéis bonitos dibujos para colgar en vuestra casa, en la cocina o en el dormitorio. Explícale y muéstrale a tu hijo cómo va a dibujar con las esponjas.

En primer lugar, humedece ligeramente las esponjas sumergiéndolas en agua y escurriéndolas.

En la paleta, empapa la esponja de la pintura que quieras. ¡Mezcla tantos colores como quieras!

A continuación, coloca la esponja sobre la hoja de papel y presiona ligeramente para que aparezca la forma. Levanta la esponja cuidadosamente.

Repite el proceso con las demás esponjas. Si quieres cambiar de color, enjuaga la esponja con el agua del cuenco.

Usa tu imaginación. Puedes hacer formas, montajes, decoraciones o simplemente dibujar y colorear en la hoja.

CONSEJO

El objetivo de esta actividad es ayudar a tu hijo a autorregularse cuando entre en contacto con el material. Si al principio apenas toca la esponja o, por el contrario, la toca y presiona demasiado, deja que experimente. A continuación, dale un dibujo específico o un objetivo para que pueda poner en marcha las estrategias necesarias para conseguirlo.

BOLAS Y CAFÉ

La siguiente actividad consiste en crear un juego de pelota original para practicar el lanzamiento y la anticipación de trayectorias.

6-9
años

MATERIAL

- 2 filtros de café por jugador
- Una pelota de pimpón
- Una pelota que rebote
- Una pelota de goma (tipo pelota de squash)

PREPARACIÓN DE LA ACTIVIDAD

- Haz un pliegue hacia arriba a ambos lados de los filtros de café a modo de sujeción y mete uno dentro de otro.

- Abre los filtros y sujétalo con una mano. Si tu hijo es pequeño, tendrá que sujetarlo con las dos manos.

- Sitúate el exterior o en una habitación lo suficientemente grande y sin obstáculos.

①

Cada jugador sostiene un filtro doble de café para atrapar la bola.

②

El jugador más joven empieza lanzando la pelota de pimpón al jugador que elija.

Éste debe atraparla con el filtro. Por cada pelota atrapada se consigue 1 punto.

③

Cuando se falla, se lanza otra pelota diferente.

④

Una partida se juega en 5 rondas. ¡El jugador con más puntos al final gana!

CONSEJOS Y TRUCOS

◆ Puedes variar el número y el tipo de pelota a tu antojo. Habrá que adaptarse aún más si el material y el peso son diferentes.

◆ Se aconseja jugar al aire libre y, por qué no, descalzo en el césped.

◆ Si tu hijo tiene dificultades para atrapar la pelota, verbaliza el momento en el que se la lanzas para ayudarle.

◆ No tienes que llevar la cuenta, ¡puedes jugar sólo por diversión!

Actividad 40

CUENTAS Y VARILLAS

Ésta es una actividad muy fácil de realizar. Será perfecta para estimular las habilidades táctiles y propioceptivas de tu hijo.

6-9 años

ACTIVIDADES ESCOLARES

MATERIAL

- Una bandeja de plástico grande
- Sémola
- Cuentas
- Varillas de madera de 20 cm

PREPARACIÓN DE LA ACTIVIDAD

- ◆ Llena hasta dos tercios la bandeja con de sémola. La cantidad dependerá del tamaño de la bandeja. Cuanto más grande sea la bandeja, más interesante será la actividad.

- ◆ Coloca las cuentas en la bandeja y mézclalas con la sémola. Las cuentas pueden ser de diferentes tamaños y formas, pero asegúrate de que su diámetro interior sea mayor que el diámetro de la varilla de madera.

1

Coloca la bandeja en el suelo o en una mesa y dale la varilla de madera a tu hijo.

Explícale que tiene que llenarla de cuentas. Las cuentas están escondidas entre la sémola y tiene que encontrarlas.

Cuidado, las cuentas deben enhebrarse dentro la bandeja y no fuera de ella. Sólo puede sacar la varilla de la bandeja cuando crea que está llena. ¡Vamos allá!

2

Dale tiempo a tu hijo para que explore y se familiarice con los materiales.

Asegúrate de que no saca las cuentas de la bandeja de sémola para ensartarlas.

3

Una vez terminada la actividad y rellenada la varilla, se puede volver a empezar. Esta vez, cronometra la actividad para que puedan participar varios jugadores. Gana el que termina más rápido.

CONSEJO

Para los niños más pequeños, utiliza cuentas y varillas de madera de gran diámetro. Además, elige cuentas con formas claras y fácilmente reconocibles. Después, para los niños más mayores, varía el tamaño, el peso y la forma de las cuentas para hacer la actividad más compleja y animar a tu hijo a adaptarse.

ACTIVIDADES ESCOLARES

Puede consultar nuestro catálogo en www.obstare.com

Los editores no han comprobado la eficacia ni el resultado de las recetas, productos, fórmulas técnicas, ejercicios o similares contenidos en este libro. Instan a los lectores a consultar al médico o especialista de la salud ante cualquier duda que surja. No asumen, por lo tanto, responsabilidad alguna en cuanto a su utilización ni realizan asesoramiento al respecto.

Cómo ayudar a mi hijo hipersensible
Texto: *Ludovic Delannoy*
Ilustraciones: *Aurélia-Stéphanie Bertrand*

Título original: *J'aide mon enfant hypersensible*

1.ª edición: abril de 2023

Traducción: *Nuria Durán Romero*
Maquetación: *El taller del llibre, S.L.*
Corrección: *Sara Moreno*

© 2021, Hatier, París, Francia.
Titulo publicado por acuerdo con Cat on a Book Ag., Francia.
(Reservados todos los derechos)
© 2023, Editorial OB STARE, S.L.U.
(Reservados los derechos para la presente edición)

Edita: OB STARE, S.L.U.
www.obstare.com | obstare@obstare.com

ISBN: 978-84-18956-18-8
DL B 2548-2023

Impreso en INGRABAR

Printed in Spain